認知行動療法家のための
ACT（アクセプタンス＆コミットメント・セラピー）ガイドブック

著
ジョセフ・V・チャロッキ，アン・ベイリー

監訳
武藤 崇，嶋田洋徳

訳
武藤 崇，嶋田洋徳，黒澤麻美，佐藤美奈子

星和書店

Seiwa Shoten Publishers

2-5 Kamitakaido 1-Chome
Suginamiku Tokyo 168-0074, Japan

A CBT-Practitioner's Guide to ACT

How to Bridge the Gap between Cognitive Behavioral Therapy & Acceptance & Commitment Therapy

by
Joseph V. Ciarrochi, Ph.D.
and
Ann Bailey, MA

Foreword by
Steven C. Hayes, Ph.D.

Translated from English
by
Takashi Muto, Ph.D.
Hironori Shimada, Ph.D.

English Edition Copyright © 2008 by Joseph V. Ciarrochi, Ph.D., and Ann Bailey, MA, and New Harbinger Publications, 5674 Shattuck Avenue, Oakland, CA 94609
Japanese Edition Copyright © 2011 by Seiwa Shoten Publishers, Tokyo

謝　辞

重要な貢献をしてくださった多くの方々に，お礼を申し上げたいと思います。はじめに，Dr. Kelly Wilson に感謝を申し上げます。私たちに ACT を紹介し，私たちの ACT 教授法と実施法に大きな影響を与えてくださった方です。次に，Jean Blomquist に感謝を申し上げます。広範にわたり原稿の編集を助け，簡潔で読みやすいものとしてくださいました。最後に，イラストレーターの Dave Mercer と Helen Bailey に感謝します。彼らのイラストのおかげで本書は生き生きと活気あるものとなったのです。

序
CBT から ACT へ：初めての方への旅行ガイド

　アクセプタンス&コミットメント・セラピー（acceptance and commitment therapy：ACT（アクト））と，その ACT の基盤となっている，言語と認知の研究プログラムである関係フレーム理論（relational frame theory：RFT）は，大きな意味で常に認知行動療法（cognitive behavioral therapy：CBT）の一部であるが，それには，現代の行動分析が含まれると理解される場合に限る。ACT は，CBT 一派のうちのいくつかの仮定に対しては疑問を投げかける。そして，ACT が，ほんの少しのアプローチで，驚くほどに広いインパクトを持つことが明らかになってきている。ACT が知られるようになり，その実行の可能性が実証されるにつれて，結果的に，ACT は，行動療法と認知療法のさまざまなグループからの膨大なコメントと批判を集中的に受けることとなった。その関心は，実は称賛の現れであるともいえる。しかし，このような応酬が白熱化すると，ACT と伝統的 CBT は，違いこそあれ，関連したものであるという事実が見えにくくなってしまう。また，このような白熱した応酬では，臨床家は蚊帳の外になりかねない。臨床家というのは，自らが援助を提供する人たちに変化をもたらす，新しく，体験に裏打ちされた方法の習得には関心があっても，難解な科学的論争にはさほど関心がないからである。

　本書は，CBT の実践家が自らの関心の程度に合わせて ACT モデルを探求できるかたちで書かれた，初めての書である。読者は，この本を探索するにあたって，まずは入口で，自分がどのような仮定と確信を持っているのかを確認する必要はない。これまでに会得してきた能力は，褒められこそすれ，あざ笑われることがあってはならない。本書のテーマは，私が正しくて，あなたは間違っている，ということではなく，試してみよう，

プレーしてみようというものなのである。

　ACTの方法を伝統的CBTに統合することは，十分に可能である。同様に，CBTの方法の中には，ACTモデルに統合することが可能なものもいくつかある。このような取り組みにおいて本書は読者の役に立つであろうし，それしか求められていないとしても，本書は，十分にその価格に見合う価値あるものとなるだろう。しかし，ACTを存分に理解して活用したいと望む読者なら，結局は，ACTの仮定，基本理論，臨床モデルをマスターしたいと考えるだろう。本書はその面でもすべてを網羅している。しかも，明確で，利用可能で，関連性のある方法によってである。人をひきつける語り口，イラスト，そしてユーモアを持って，著者Joseph CiarrochiとAnn Baileyは，その解釈をほとんど苦もないものであるかのように見せている。しかし，これは実は，著者がACTモデルを深く理解しているからこそできることである。2人は長年にわたり，ACTの性質や含意を積極的に探求し，本書で示している「架け橋」を作ってきたのである。

　CBTとACTに反対する，つまらない論争など，超越することが重要である。第三世代のCBT（ACTを含む）は，CBTに反対するものではない——拡大したCBTの一派なのである。本書が論じるように，ACTを見ても，またはその基盤にあるモデルのどこを見ても，「認知は変わり得ない」，「認知の変容は役に立たない」，「認知療法というのは思考の抑制と同じである」などといった，時を経て繰り返し現れてくる反対意見を支持するようなものは，一切存在しない。ACTは，関係フレーム理論と実践的な文脈上の仮定と結びついた臨床モデルであり，非常に有用な一連の手続きを導いてきた。そして，その基盤にある理論が他の方向へも通じ得ることを著者らは示しているのである。たとえば，その理論を利用して，なぜ認知の変容が有益に働き得るかを説明したり，既存のCBTの方法をさらに強力にしたりすることができる。読者は自由にアジェンダを設定し，ACTのどの程度までを関心の対象とするのかを決めることができるのである。

このアプローチのすばらしい点は，技法の機能に焦点を当てることができるということである。その技法がどのような形態であるか，あるいは誰が発明したか，といったことは問題ではない。ACT は，1つに統合された究極のパッケージなのである。そして ACT は，1つの同じ理論（関係フレーム理論）と哲学（機能的文脈主義）に基づいている。さらに ACT は，技術的には1,000にも及ぶかというほど多種多様であるが，機能的には常にまったく同じ方向を向いている。その方向性とは，価値づけされたアクションと心理的柔軟性を促進するというものである。

　とはいえ，ACT モデルは，伝統的 CBT とまったく同じではない。私たちは，このことを実証的研究から知っている。アウトカムは多岐にわたるが，その変化のプロセスもこれまでのところすべてのケースで異なっている。このことは，それ自体，単独でも，臨床的に価値がある。なぜなら，CBT の実践家が行き詰まったときには，そのケースで効果をあげていない使い古しのテーマを焼き直すのではなく，むしろ違う視点，仮定，およびアプローチを検討する方が賢明であるからである。しかし，努力が報われるかもしれないというかすかな希望だけのために，新しく別のモデルを学びたいと思う臨床家は少ないだろう。ACT は，CBT と似ている点があってとっつきやすいが，CBT と異なる点があって実際に有効である。しかもこの新しい方法とアイデアの価値は，比較的すぐに理解できるはずである。また，多くの CBT の実践家と同様に，ACT においても，厳密な実証的な証明が求められる。

　ACT と RFT は，今や実質的な価値を持つ領域となっている。その探求には時間を要し，また，行動主義というもはやすたれてしまった，消滅寸前と考えられている思想の流れに端を発しているせいで，誤った特徴づけをされがちである。しかし，真剣に探究するだけの価値はある。本書は，異国への，あるいは少なくとも初めて耳にする方言を持つ，異なる地域への，旅行ガイドのようなものである。その方言を説明し，興味深いスポットをいくつか紹介し，読者に選択を促す。優れた旅行ガイドブックならいずれもそうであるように，読者に対して威張り散らすことなど絶対にしな

い。このスポットを訪れるべきだ，どこからどこへと行くべきだ，といった要求は決してしない。そうではなく，本書は読者を招き入れ，ACT の成長や賛美のためではなく，苦しむ人びとのために，その新しい土地でどんなものを手にできるか，ということを読者が正しく評価できるよう手助けするのである。本書の最後の一文にも記されているように，ACT と CBT の実践家は同じ価値を共有している。苦悩の低減，エンパワーメント，バイタリティ，結びつき，といった価値である。これらの価値に照らし合わせて評価すれば，本書は，CBT と ACT の両方の実践家と，さらにそのクライエントにとって有益なものとなるだろう。

                                      ネバダ大学リノ校
                                      スティーブン・C・ヘイズ

監訳者まえがき

　日本では，2010年に認知行動療法（CBT）が保険適用化されることによって，CBTを取り巻く状況が，今まさに大きく変化しようとしています。この翻訳書の公刊は，その変化に即応するために企画されました。もちろん，CBTの正確な情報を提供するという意味もあります。しかし，実のところ，それ以上の必然性があるのです。それというのも，今世紀に入り，欧米のCBTそれ自体が大きな変化を遂げつつあり，不幸にも日本で本格的にCBTが使用されようとしている今のタイミングと，欧米の「CBTのバージョン・アップ」が進行しているタイミングが重なってしまっているからなのです。つまり，CBT初学者を「いったい，何から手をつけてよいのだろうか」とより深く困惑させてしまうようなタイミングと言えるのです（ただでさえ，馴染みのない方法論を新たに手にするだけでも困惑してしまうのに）。

　本書は，新世代の認知行動療法と呼ばれる「アクセプタンス＆コミットメント・セラピー（ACT）」を，特にA. T. ベック，J. S. ベック両博士による認知療法のスタイルと対比するかたちで，欧米における「CBTのバージョン・アップ」の状況や方法を実践的なレベルで伝えようとしています。そのため，CBT初学者の方には，本書が，今後のCBT習得に向けて「ガイド」的な役割を果たすだろうと考えています。また，そのような方だけではなく，すでにCBTを実践している方で，しかも「ちゃんとマニュアルに従ってCBTを実践しているのに，クライエントが思うように改善していかない，何かしっくりこない」と悩んでいる方にも，本書は役に立つだろうとも考えています。なぜなら，それは「あなたのせいではない」かもしれないからです。つまり，「CBTには，従来のマニュアルのスタイルでは伝えきれない重要なポイントがある」と考えているからなのです。そのポイントとは何か。それが，本書のポイントでもあり，「新世

代の認知行動療法」のキモでもあるのです。

　それでは，このガイド役に従って，そのポイントをひとつひとつ見つけていく旅に出かけてみませんか。

　　2011年3月10日

　　　　　　　　　　　　　　　　　　　　　　　　　　　　武藤　崇

もくじ

序　CBTからACTへ：初めての方への旅行ガイド　v
監訳者まえがき　ix

パート1　価値に基づいた生き方に対する認知的バリアの克服 ―― 1

第1章　ACTとCBTの統合に向けて　3
統合の必要　4
私たちの来し方，行く末　5
　第一の波：行動主義者の君臨　5
　第二の波：認知革命とCBT　7
　第三の波：マインドフルネスに基づくセラピーの台頭　12
CBTとACTの統合に向けて　14
結論　18

第2章　ことばの「罠」から脱出するには　19
関係フレーム理論：人間の苦悩を減らすには？　20
　言語プロセスは体験を支配することができる　20
　✪クライエント用プリント　「食べられるな」マシーン　23
　言語は体験を変容させる　27
　✪クライエント・ワークシート　ことばはすべてを変える　32
　言語は回避という潜在的な問題を大幅に拡大する　34
　言語プロセスは文脈によってコントロールされている　35
機能に対する介入：脱フュージョン　36
　「考える」というプロセスに焦点を当てる　38
　✪クライエント・エクササイズ　評価とは「牢獄の鉄格子」である　40

　　　　⊗ **クライエント・エクササイズ**　バスの乗客　43
　　　　形式的な刺激と恣意的な刺激を区別する　48
　　　　⊗ **クライエント・エクササイズ**　記述 VS. 評価　49
　　　　マインドフルネス実践　54
　　　　他の脱フュージョン技法　56
　　結論　58

第3章　伝統的な CBT 技法をより強力なものにする　61

　　認知変容方略を理解する　62
　　認知的挑戦を別の見方でとらえる　63
　　　　引き算ではなく足し算で考える　64
　　　　認知的挑戦によって役に立たない思考の重要性が高まってしまうことがある　66
　　　　認知的挑戦が最も効果的になるのはどのようなときか　69
　　　　⊗ **実践家のためのエクササイズ**　非機能的信念が持っている機能を同定する　72
　　ACT-CBT の統合モデルのなかで認知的構成法を活用する　73
　　　　ABC モデルを活用してセラピーを構造化する　74
　　　　⊗ **実践家のためのガイド**　クライエントと一緒に ABC ワークシートを使う　76
　　　　⊗ **クライエント・ワークシート**　ABC ワークシート：効果的なアクションへの道　81
　　　　心理教育とノーマライジング　85
　　　　嫌悪的な感情と価値づけされた生き方の結びつきを再考する　86
　　　　思考，感情，行動の結びつきを教える　87
　　　　⊗ **クライエント・ワークシート**　思考，感情，行動は必ずしも一致するわけではない　88
　　　　その他の CBT 関連のエクササイズ　90
　　　　⊗ **クライエント・ワークシート**　あなたをひっかける思考をさがせ　91

⊕ **クライエント・ワークシート**　機能的な思考日誌　96
　　　思考を再構成するためにメタファーを使う　99
　　　セッション中に「マインドフルなスペース」を創造する　100
　結論　103

第4章　自己を発見するために自己を手放す　105
　自己には3つのタイプがある　106
　　概念としての自己　106
　　　⊕ **クライエント・エクササイズ**　自己の尊重ゲームのダークサイド　108
　　プロセスとしての自己　110
　　文脈としての自己　110
　　　⊕ **クライエント・エクササイズ**　自己を発見する　113
　結論　117

パート2　アクセプタンスとアクションへ ──────── 119

第5章　私たちの生活は哲学的な前提に支えられている　121
　哲学的な出発点　123
　機械主義的な考え方が持つ力　124
　もうひとつの世界観：機能的文脈主義　129
　行動活性化とクライエントの世界観　132
　機能的文脈主義の「帽子」をかぶってみる　133
　結論　136

第6章　アクセプタンスに徹することは可能か　137

幸福（ハッピーであること）は本当に自然な状態なのか？　138
アクセプタンスを促進するためのアプローチ　140
ソクラテス式対話を使って「アクセプタンスに徹する」ことを促進する方法　144
　核となる質問とその目的　147
　対話：創造的絶望（「絶望から始めよう」）　156
　対話：フォローアップすること，そしてウィリングネスとアクセプタンスへと向かっていくこと　164
結論　170

第7章　価値とコミットメント　173

価値づけと行動活性化　175
価値の明確化：何が人生の原理（指針）なのかを調べる　176
　⊛クライエント・ワークシート　あなたの「人生の原理」は何ですか？　181
人生の原理に関する調査（SLP）を使って価値のワークを効果的に開始する　193
　⊛実践家のためのワークシート　人生の原理に関する調査（SLP）採点用シート　195
　⊛エクササイズ　カード分類課題　203
「価値の明確化」から「コミットされたアクション」へ　212
　価値を実際のアクションに移していくためのワークシート　215
　⊛ワークシート　ウィリングネスとコミットメント　216
　⊛ワークシート　日誌　219
結論　221

第8章 こころの知能指数（情動知能）を高める 223
　　「こころの知能指数（情動知能）」の実践的な価値 224
　　社会-情動的訓練 225
　　　⊗クライエント・ワークシート　効果的に主張する 227
　　　⊗クライエント・ワークシート　効果的に主張する（見本） 229
　　体験的ロールプレイ法 231
　　　⊗クライエント・ワークシート　社会的状況でのウィリングネス，価値，
　　　　コミットメント 236
　　　⊗クライエント用プリント　後悔の種になることをせずに，困難な社会的
　　　　状況に対処する方法 239
　　「ゼロ・サム」ゲームと「分離された自己」の幻想 241
　　結論 243

あとがき 245
付録…セラピストのための自己探求ワークブック 249
文献 269
監訳者あとがき 277
索引 279

パート **1**
価値に基づいた生き方に対する認知的バリアの克服

第1章

ACTとCBTの統合に向けて

心を開いた者には，異なるものごとのなかに真実が見える。
心が狭い者には，その違いしか見えない。

――未詳

　私たち人類は，食べ物が十分にあり，何ら身体的に危険な状態にないときであっても，苦悩する能力があるという点で，動物界においてユニーク（独自）な存在である。私たちにはまた，互いに傷つけ合うというユニークな能力もある。戦争をし，殺人をする。あるいはもっとありふれたところでは，たとえば他人を傷つけるようなことを言ったり，辛辣（しんらつ）な議論を始めたりもする。結果として，私たちはときに孤独や怒り，悲しみを感じ，親密さを恐れることもある。本物の，信頼し合う関係を持とうともがき苦しむことも多い。

　とはいえ，私たち人間の歴史には，私たちに希望を与えてくれるようなところもある。あらゆるいやしい行為に匹敵するだけの高潔な行為も発見できるのである。寛容，共感，犠牲の行為を指摘することができる。自分には自分の理想を体現する能力があることを，私たちは知っているのである。本書の基本的なテーマは，人びと（私たち自身も含めて）が，より活力に満ちた有意義な人生を生きられるよう，支援することである。

統合の必要

　現在の実践家は，人びとを支援するための技法を，途方にくれるほど数多く知っている。シェイピング，エクスポージャー，随伴性マネジメント，といった行動技法が存在する。リフレーミング，認知再構成法，問題解決法，認知的スキル訓練，といった認知方略も存在する。さらに，マインドフルネス，パラドックス，ヨガ，コンフュージョン，チャンティング（歌唱），深呼吸法といった技法を活用する，セラピーの新しい波も生まれている。何百種類ものセラピーがあり，おそらく何千もの技法が存在しているのである。

　人びとを支援するためのベストな方法を，私たちはどのように決定したらいいのだろうか。ひとつには，単一の，実証に基づいたセラピーを選択し，それだけを実践するという方法が考えられる。しかし，残念ながら，そのようなアプローチは，有用な技法を排除してしまいかねない。もうひとつ考えられるのは，「折衷的」な方略である。つまり，役立ちそうで，できれば実証に基づいた技法を，さまざまなセラピーから選択するというものである。

　しかし，技法のレベルに焦点を当てたとき，私たちは問題に直面する[71]。レシピ本（つまり，治療者用のセラピーのマニュアル）に従ったようなレベルだとすると，どのようなことが起こるかを考えてみよう。レシピ本は，それぞれのタイプの状態に対して何を行ったらよいかを教えてくれる。それは非常に正確である。しかし，哲学と理論をよりどころにしないで，技法だけに焦点を当てると，実践では不都合が生じてしまう[71]。第一に，私たちが，たとえば，うつの治療のための一連の技法を知っているだけだったとしたらどうだろうか。そのような場合，新しい問題に直面したときに，私たちは自分の知識を用いる根拠を何も持てなくなってしまう。また別の一連の技法が必要となるかもしれない。第二に，私たちは，新しい技法をほとんど創造できなくなってしまう。セラピーのためのマニュアル本には，

新しい技法を創造する方法は書かれていないからである。第三に，私たちは，非体系的に，一貫性なく技法を使用してしまうリスクを冒すことにもなる。もしかすると，技法の中には他の技法と両立しえないものもあるかもしれない。

私たちの来し方，行く末

　この本の大部分は，実践家たちが異なるセラピー（主としてACTとCBT）の技法を最大限に一貫したかたちの効果的な方法として使用できるよう支援することである。しかし，それを詳細に検討していく前に，一歩戻って，ACTとCBTがいったいどこから生まれてきたのかを見ておくことが重要である。

　私たちは皆，歴史の流れの中にいる。その中で，世界をある一定の見方でとらえ，特定の仮説を立てるようになっている。歴史的な文脈から踏み出して周囲を見回すのは難しい。「踏み出す」ための方法のひとつとして，この瞬間をもたらした歴史的な力を理解することが考えられる（ただし，この理解も歴史の力に支配されている）。セラピーは大雑把に3つの「波」に分けられる[61]。それは，行動的（behavioral）なもの，認知的（cognitive）なもの，そしてマインドフルネスに基づく（mindfulness-based）ものである。

第一の波：行動主義者の君臨

　行動主義以前，臨床心理学ではフロイトの精神療法が強力だった。内省（introspection）が主要な方法であり，理論は，科学的原理に厳密には基づいておらず，検証することが困難であった。B. F. Skinnerらの行動主義者らが応用心理学に革命を起こし，そのような検証が科学的方法によってできることが提案された[118,125]。行動主義者は，厳格で高度に統制された研究を実施し，それによって行動に影響を与える主要な方法が明らかに

なった[19]。そうした技法にはエクスポージャー，消去，強化スケジュール，古典的条件づけ，シェイピングなどがある。行動原理は非常に効果的であると明らかにされていることを考えると，有能な実践家なら，そこから大きく外れる可能性はまず考えにくいだろう。たとえば，行動主義以前，一般的に，恐怖症の治療には何年もかかると信じられていた。行動主義以降，驚くべきことに，恐怖症はエクスポージャーをわずか数セッション行うだけで治療できるようになった。これは多くの人にとって奇跡のように思えたに違いない。

CBTとACTは共に，行動原理を広範にわたって活用する。私たちがCBTやACTについて語るときも，その中核となるのが行動原理である。

並外れた成功を収めたにもかかわらず，伝統的行動主義は結局，人気が衰退し，なかには「消滅した」と言う人さえいた[101,102]。こうなるに至るには，多数の重大な要因が存在していた。第一に，行動主義は，内的で観察不可能な構成概念に言及しないことから，言語プロセスを説明することができない，と論じられた[10,101]。第二に，人びとの関心は，洞察，問題解決，推論のような複雑なプロセスにあったのに対し，行動主義は観察可能なものを強調したことから，こういった複雑なプロセスについて語るための明確な方法を持っていないように思われたのである。第三に，行動主義には「視野」が狭い，つまり，「あまりにも複雑すぎ」，「詳細すぎ」て効果的に心を解明できない，と信じられていたのである（今でも，そう信じられている）[36]。DavidとSzentagotaiによれば，行動主義者は，行動を説明しようとするたび，生起した一連の随伴性を事細かに分析しなければならない，という。それが何千もの行動のそれぞれについて行われなければならないのである。たとえば，スキーマタイプの処理過程で誘発された記憶バイアス（つまり，スキーマに合致しない情報よりも，スキーマと合致した情報をよく記憶するという偏り）を説明したいとしよう。そのためには，行動主義者は，記憶検査の項目と関連して，どのような随伴性が存在したのかについての固有のヒストリーを詳しく調査しなければならない。したがって，「なぜ抑うつ的な人たちは自分の対人関係についてネ

ガティブな情報を思い出すというバイアスを示すようになるのか」を説明するために，おそらく行動主義者は，思い起こされた情報の断片について，ひとつひとつそのヒストリーを明らかにしなければならないと考える。対照的に，認知心理学者は，「抑うつ生成スキーマ」を仮定する。そして，このひとつの構成概念で，さまざまなバイアスを幅広く説明できるのである。

こうした批判がいったいどれほど的確であるかはさておき（文献85などを参照），それらが心理学に強力な衝撃を与え，行動主義の人気を低下させ，認知革命の到来を促したことは確かである。それでもなお，行動主義は応用心理学の中心的部分であり続けている。行動原理は，ほとんどのセラピー（たとえば，CBTでのエクスポージャーやシェイピングなど）で使用されており，うつに対する行動活性化といった，一部の問題の治療に十分に効果的であることが明らかになっている[34,75]。さらに，行動的な研究は，新しいテクニック（内部感覚エクスポージャー[3]など）の発展に寄与している。つまり，行動主義は消滅したのではなく，ただ認知革命に飲み込まれてしまっただけなのである。

第二の波：認知革命とCBT

認知革命の主要な考えのひとつに，コンピューター・サイエンスで成功しているプロセスを研究し，発達させ，実装することによって，人間の精神的プロセスについても，もっと多くのことを知ることが可能になるだろう，というものがあった。こうして，コンピューターは，人がどのように考え，行動するかの強力なメタファーとされるようになったのである。人は環境から情報の「入力」を受け取り，何らかの方法でそれを処理したうえで，何らかの「出力」を生産すると理解された[93]。（もちろん，実際の理論はこの説明よりも繊細で複雑である）。認知心理学の鍵となる考えには次のようなものがある。

- **表象**は，外的な現実を象徴する仮説上の内的な認知シンボルである。
- **計算**は，規則に支配された方式で表象が他の表象に変形されることを指す[36]。
- **モジュール性**は，心は，相互に作用し合う，分化した一連の下位組織によって構成されていて，下位組織の間での情報や影響の流れは制限されているという仮定である[47]。

認知革命は，応用心理学者に劇的な影響を与えた。応用心理学者が人をどのようにとらえるかという点，そして伝統的な行動主義に対する異議という点で影響を与えたのである。たとえば，Aaron Beck は，「まだひよこのような精神療法〔CBT〕だが，いったいこの分野の巨人――精神分析と行動療法――に挑戦できるだろうか？」という問いを発し，挑戦状を叩き付けた（文献 6 の p.333）。このように，CBT[訳注]は行動主義とは抜本的に異なるものととらえられていたのである。

精神病理の認知モデルでは，認知変化が精神障害の治療の中心であると仮定する[5,37,84]。CBT が他の治療アプローチと異なる点は，セラピストと患者が協力して歪んだ認知や不適応な信念を同定し，それらを論理的に分析し，実証的な仮説を検証することである。その目標は，クライエントが自分の考え方を現実の実状に沿って再調整できるように支援することである[30]。

さまざまな認知療法アプローチが幅広く存在する。Beck[6]や Beck[8]，Ellis[42]，Meichenbaum[89]，Barlow[3]，Young[18]，Wells[130]，その他の多数の著者ら（文献 32 などを参照）がアプローチを示しているが，これらのアプローチを 1 つのグループとして語るのは難しい。なぜなら，各アプローチは重要な点で異なっているからである。さらに，アプローチは常に進化し，変化し続けていることが，問題をより困難にする。したがって，この

訳注）本書の原文ではCBTとなっているが，正確には「認知療法（CT）」と記述した方がより適切であると考えられる（T.M.）。

セッションのレビューでは，これらのアプローチに共通することに焦点を当て「第二の波」の例証となる要素を強調していくことにする（ただし，最新のセラピーはすでに，このタイプのセラピーからかけ離れてしまっているかもしれない）。

最近，DavidとSzentagotai[36]は，さまざまなCBTモデルについてのレビューを発表し，それらを統合するための枠組みを提供した。表1.1は，その枠組みを示している。

認知モデルでは，刺激が情報処理システムに入力されると仮定する（ステップ9）。この刺激は，「情報」，「先行事象」，「活性化事象」と呼ばれることもある。ステップ2では，注意が転換し，ある刺激へ向けられて，他の刺激には向かなくなるだろう。次に，刺激は知覚され，象徴的に表象され（ステップ3），解釈され（ステップ4），評価される（ステップ5）だろう。このような評価や評定がステップ6へと回される。ステップ6には感情的反応も含まれる。最終的に，ステップ7は，感情をマネジメントすること，あるいは感情をアクセプトし，耐えること，を目的とするコーピング・メカニズムである。

このような情報処理の各ステップは，他のどの処理ステップにも影響を与えうる。認知心理学者はかなりのエネルギーを注いで，各ステップがいかに相互作用するかを詳細に検証している。たとえば，感情（ステップ6）が注意（ステップ2），刺激の表象（ステップ4），評価的解釈（ステップ5）にいかに影響を与えるかを検討するなどである（文献24, 23, 48など）。

CBTのさまざまな技法や形態は，それらがどの処理ステップを強調するかという点から理解できる。たとえば，CBTアプローチのなかには，自己注目（self-focus）の強度や注意のコントロール，注意の幅を修正することによって，ネガティブな刺激に偏りがちな注意のバイアス（ステップ2）を減らそうと試みるものがある[87,129,130]。J. S. Beck[8]のCBTでは，「黒か白か思考」や「読心術」，「過度の一般化」，「運命を信じる」といった推論上の誤りを含む，歪んだ思考パターン（ステップ4）をターゲット

表 1.1：人間の感情と行動の認知モデル

情報処理ステップ	説　明	介　入
ステップ1：刺激	知覚システムの活動に影響を与えうるもの	この段階は認知に先行する。外的刺激を介入標的にして、環境を変化させるような介入を行うこともある（例：騒音の減弱）
ステップ2：入力と選択	選択的にある刺激に注目し、その他は無視する。このレベルは知覚的防衛を含む	注意のバイアスを排除しようとする介入[87]
ステップ3：刺激の知覚と象徴的表象	「定義」（つまりその知覚）と説明（刺激の象徴的表象）を含む	なし
ステップ4：刺激の象徴的表象の非評価的解釈	知覚された刺激の観察されていない側面、あるいは人の抱くメンタル・イメージについての推論	新しい帰属、新しい予期した結果、新しい期待、より注意深い論理的思考の発達を促す介入[41,8]
ステップ5：処理された刺激の評価的解釈	刺激が評定される。	あるものが「ひどい」あるいは「恐ろしい」という信念に反駁する介入[42,41]
ステップ6：処理された刺激に対する情動反応	感情は刺激やイメージの非中立的な評定に従って起こっていると仮定される	バイオフィードバック、リラクセーション、薬物を通じた、情動反応の直接的修正
ステップ7：ステップ6で体験された感情に対するコーピング・メカニズム	コーピング・メカニズムはステップ6で生み出された感情への対処を目的とする。	自己教示メッセージ[89]。不快に耐えようと決心すること。回避、気ぞらし、あるいはアクセプタンス

（文献36より引用）

にする。D'Zurilla と Nezu の問題解決療法[41]は，問題を定式化し，代替の解決策を生み出す（ステップ4）能力の改善を試みる。Ellis[42]のCBTでは，より排他的に評価的信念に焦点を当てる（ステップ5）。自己（たとえば，「私には価値がない」），世の中の出来事（たとえば，「離婚はひどいことだ」），自分自身の感情（たとえば，「不安を感じることは耐えられない」）の包括的な評価などである。同様に，問題解決療法は，問題についての役に立たない評価的信念（たとえば，問題を，乗り越えるべき挑戦ではなく，単なる脅威であると信じること）の変化に焦点を当てる。また，Beck の療法では，社会的な受容と権力に関する役に立たない評価的信念を変えることに焦点を当てる[8]。Meichenbaum による自己教示のCBT[89]は，情動への対処（ステップ7）をターゲットとしているようである。たとえば，「起こりうる最悪のことではない」や「筋肉が緊張してきている。リラックスしてゆっくりと取り組むときだ」といった，コーピングのための陳述がクライエントに教えられる。

CBT 技術は，非機能的なスキーマや中核信念に挑戦するために用いられることも多く[8,18,134]，刺激をスクリーニングし（ステップ2），コード化し（ステップ3と4），評価する（ステップ5）ための構造と定義されてきた[96]。このように，スキーマへの介入は，認知処理の複数のレベルに強い影響を与えるかもしれない。一般に，各処理ステップ間に相互関連があることからすると，先述の介入のいずれも，複数のレベルに強い影響を与える可能性がある。

CBT は，メタ認知の変換に利用することも可能である[40,130]。メタ認知とは，認知についての認知である。「心配することは有害である」，「私の心配は私を乗っ取り，コントロールしてしまうだろう」，「心配すれば，何かよくないことが起きるのを防げる」，「心配すれば，いつでも心の準備をすることができる」[130]などがある。ある意味で，心配それ自体は，ステップ1にあたり，心配についてのメタ認知はステップ4とステップ5で行われることになる。

以上のようなさまざまなスタイルのCBT は，重要な点で異なっている

ものの，すべてに共通することが1つある。どれも第一に，役に立たない思考や情動の形態や頻度を変容させようとしていることである。

第三の波：マインドフルネスに基づくセラピーの台頭

　行動主義以前の精神分析の時代から現在まで，多くのことが変化した。1920年には，クライエントが長椅子に横たわり，子ども時代の体験を語っている光景が見られただろう。今日，セラピールームの近くを通れば，歌っていたり，レーズンをとてもゆっくりと食べていたり，ストレッチしてヨガのポーズをとろうとしていたり，あるいは目を閉じてじっと座ったまま，まったく何もしないでいたりするクライエントを目にするだろう。クライエントが「私は混乱しています」と言うと，それに対してセラピストが「けっこうです。今，私たちは何かを達成しつつあります」と答えるのを耳にすることさえあるかもしれない。

　マインドフルネス実践，ヨガ，瞑想，チャンティング（歌唱），パラドックス，コンフュージョン——これらの技法はいずれも，認知行動療法の「第三の波」と名づけられた流れの中で登場する（文献61など）。アクセプタンス＆コミットメント・セラピー（ACT）[71]，うつ病のマインドフルネス認知療法[115]，マインドフルネス・ストレス・マネジメント[115]，弁証法的行動療法（dialectical behavior therapy：DBT）[83]もこのようなセラピーに含まれる。

　ここでACTに焦点を当てることにしよう。ACTはおそらく，「第三の波」のセラピーのうちでも最も発達した理論と哲学を持っているからである。ACTは，CBTと同様，しっかりした実証に裏づけられている[69]。40以上の査読つき論文が，ACTの基盤にある言語理論，関係フレーム理論（RFT）を支持している（文献62などを参照）。爆発的な数の査読つき論文が，不安，統合失調症，職場でのストレスとバーンアウト，慢性疼痛，うつ病，薬物使用，癌への心理的適応，糖尿病のセルフ・マネジメントへの対処における，ACTの有効性を支持している[2,13,17,35,51,55,56,68,69,63,94,135]。

ACTとRFTは，アプローチとしては根本的には行動的なものである。しかし，行動的な技法や概念を利用し認知プロセスに取り組むことによって行動療法の「第一の波」を越えようとしている。ACTとRFTが内的構成概念間の相互作用（たとえば，思考と感情との間の相互作用）の理解に向ける研究的な努力は，認知心理学者と比べてはるかに少ない。その代わり，ACTとRFTでは，いかに環境操作を行って人の行動に影響を与えるかを理解することに焦点を当てる。たとえば，過度な飲酒をやめさせる方法を，先行事象（アルコールの宣伝を減らす）や結果（過度のアルコール摂取から得られる報酬を減らす）を操作することによって探究するのである。

　RFTは，行動主義者による言語の説明に対して寄せられた批判（たとえば，文献101などを参照）の多くに対処することを意図している。たとえば，RFTは，言語の生成性を，生得的な構造や認知的構成概念ではなく，オペラント条件づけの原理によって，説明する。しかも，RFT分析は，推論や問題解決といった，複雑な認知プロセスを理解するためにも用いられている。これらは以前には，あまりにも複雑であるために，あるいは「内的」すぎるために，行動主義者には取り組めないとみなされていたものである[62]。最終的に，RFTの視野はかなりの範囲に及ぶとされている。つまり，わずかな分析概念で，広範囲にわたる現象の分析が可能なのである。この主張は「行動主義は複雑で詳細すぎるため効果的ではない」という見解（文献36などを参照）に異議を唱えるものである。これらの問題をめぐる詳細な議論は，本書の範囲を越えているため，文献62を参照していただきたい。第2章では，RFTとその応用について詳細に述べることにする。

　「行動主義者は死んだ」と認知心理学者が言うのを聞き，行動主義者はしばしば驚く。そして（新聞が誤って彼の死を報じたときの）マーク・トウェインのことばを引用して「私が死んだというのは言いすぎだろう」と言ったりしている。

　ACTは，伝統的なCBTとは違うことをする。認知的な挑戦や再構成を用いることはほとんどない。また，抑うつ，不安，ストレスの軽減をセ

ラピーの目標として設定しない傾向がある。その代わりに，価値に見合った観察可能な行動の活性化にほぼすべての焦点を当てるのである。最後に，ACT では，多くの文脈で推論をやめさせることを意図した多数の技法（コンフュージョン，パラドックスなど）を活用する。これとは対照的に，CBT の実践家は概して，効果的な推論を増強しようとする。

CBT と ACT の統合に向けて

ACT と CBT との間には相違があるものの，私たちは，哲学的にも理論的にも一貫したかたちで，両者の技法を一緒に用いる方法が数多くあると考えている。これから，その可能性を探究していくことにしよう。この本の本文とワークシート（クライエント用と実践家用の両方）が，以下の点で読者の力になることを願っている。

- 治療で実際に使う治療的プロセスを同定する
- 治療で過度に強調してしまう可能性があるプロセスと，強調不足になりがちなプロセスを認識する
- 理論的に一貫性のある方法で，治療で活用可能な技法のレパートリーを大きく拡大する
- 治療的実践のための新しいエクササイズやメタファーを創造する能力を拡大する

本書に求められているのは「使えるもの」をすぐに読者の皆さんに提供することである。皆さんの多くは，来週からでも，クライエントと会い，何かの新しい技法を試してみたいと思っているかもしれない。本書をすみずみまで全部読んで，その哲学と理論のすべてを消化してからでないと，ACT を始められないというのでは満足いかないことだろう。したがって，

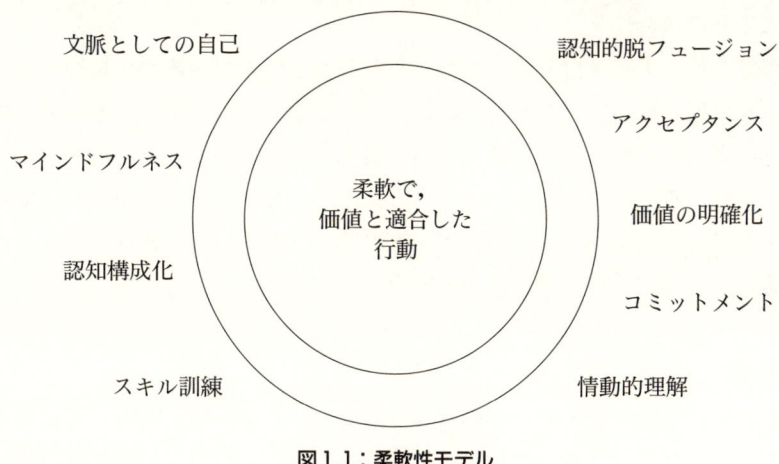

図1.1：柔軟性モデル

　本書は，技法と理論を徐々に皆さんに紹介するように構成されている。皆さんは，通常ご自身が行っている方法を必ずしもすべて中断しなくても，セラピーのなかでこれらの技法のいくつかを試してみることができるはずである。本書を読み進めていくにしたがって，その哲学と理論がより深く掘り下げられていくだろう。

　図1.1は，本書で焦点を当てる心理プロセスである「柔軟性モデル」を図式化したものである（付録Aで，各プロセスを詳細に説明している）。「脱フュージョン」などの円の外側のことばは，セラピー・セッションのなかで実行に移すことができるプロセスを説明している。円の内側のことばは，いわば，中心的なセラピーのゴール，つまり「アウトカム」を示している。アウトカムは柔軟性および価値との適合性を強調している。すべてのプロセスはセラピーのアウトカム，つまり，柔軟で価値と適合する行動を促進するために用いられる。先を進める前に，これらの用語を定義しておこう。

価値との適合性

価値とは，人が「自分の人生をどうしたいと望んでいるか」について言明された仮定のことである。価値は，完全に達成されるようなものではないという点で，動詞として述べるのが最善である。たとえば，価値は「思いやりのある夫になる」という場合もあるかもしれない（価値については第7章でさらに述べる）。**価値の適合性**とは，その人の行動が言明された価値とどれほど一貫しているかの度合いである。

柔軟性

人が価値に役立つようにどれほど行動をやり通せるか，あるいは行動を変えることができるかの度合いが，**柔軟性**である。別の言い方をすれば，柔軟性とは，変化していく環境が私たちに求めることに対する感受性のことである。

柔軟性モデルには，ACT と CBT のプロセスを混合したものが含まれている。CBT の実践家は，思考や考え方の形態や頻度を変える（たとえば，認知的挑戦，第3章），情動の理解を促進する，スキルを訓練する（第8章），などに関わる技法に非常に精通している傾向がある。一方，ACT の実践家は，脱フュージョンとマインドフルネス（第2章），文脈としての自己（第4章），価値（第7章）に最も通じている傾向があるだろう。また，どちらの実践家も，アクセプタンスを促進する技法（第6章）に通じているであろう。

本書では，セラピストが一貫性のあるかたちで技法を活用できるよう支援する方法のひとつとして，至るところで柔軟性モデルを活用していく。このモデルについて，いくつか心に留めておくべき重要な特性がある。

第一に，モデルについては，9つの分離した「プロセス」の集まりとしてではなく，互いに関係しているものとして考える必要がある。プロセスとアウトカムは，分離し難く連結しており，互いに独立して理解することは不可能である。これは，水素と酸素を別々に研究しても水の性質を理解

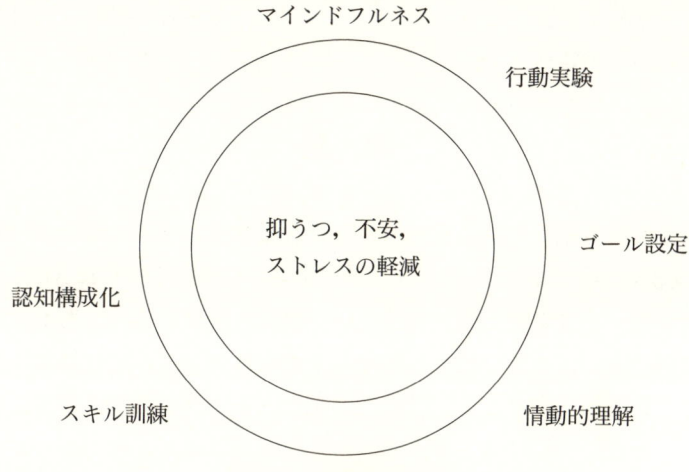

図1.2：苦悩軽減モデル

できないのとよく似ている。水素と酸素は組み合わされると，その構成部分には還元できないものになるのである。

　柔軟性モデルは，一貫したかたちで技法を用いるための指針として活用するとよい。たとえば，マインドフルネス・エクササイズは，アクセプタンスや価値の明確化を助けるために使用するとできるだろう。さらに，このマインドフル・エクササイズは，柔軟で価値に適合する行動を促進する目的で用いられるだろう。後の章では，この例を多数取り上げていくことにする。

　次に，図1.2として示した，もうひとつのプロセス・モデルを考えてみよう。ここでの中核的なセラピーの目標は「苦悩の軽減」である。マインドフルネスが柔軟性モデルと苦悩軽減モデルの両方に含まれていることに着目してほしい。ただし，両者はマインドフルネス技法という同じ名前を共有しているものの，双方の技法はかなり異なるであろう。柔軟性モデルに従っている実践家は，クライエントが嫌悪的な思考や感情と接触し，感じることができるよう助ける目的で，マインドフルネスの実践に従事させることがある。対照的に，苦悩低減モデルに従っている実践家は，嫌悪的

な思考や気分を軽減させるために，マインドフルネスの実践を使用することがあるのである。

結論

　本書における私たちの基本的仮定とは，柔軟性モデルにおいてACTとCBTは統合可能である，というものである。CBT実践家もACT実践家も，セラピーでは柔軟で価値に適合した行動の促進が重要であるという点に，異論はないだろう。私たちは何も，柔軟性モデルが常に最善であると想定しているわけではない。柔軟性アプローチのなかで学んだ技法を取り上げ，それらを苦悩軽減モデルで活用したいと思うこともあるだろう。実践家としての私たちにとって，ここで重要なことは，自分がいつモデルをシフトし，自分の技法の機能（あるいは結果）を変えているかを自覚することである。

　本書は，皆さんに新しい技法を教えるだけではない。本書を通して皆さんは，古い，よく知っている技法を，新たな見方で見ることができるようになるだろう。パッケージとして提供される特定の介入から，もっと自由になることができるのである。本書によって，皆さんが，形態（ある技法がどのようなものか）の世界を超えて，機能（その技法が何を行い，どのようなプロセスをそのターゲットとするか）の世界へと飛躍することを私たちは願っている。究極のところ，ここで示されている理論的，哲学的枠組みが，皆さんが独自の技法を創造し，最大限に有能で，柔軟になって，クライエントが活力ある人生を生きられるよう支援していくうえで役立つと，私たちは信じている。

第2章

ことばの「罠」から脱出するには

> 聡明な動物はすでに気づいている
> 自分が解釈した世界では
> 本当はくつろげないのだと
> ——Rainer Maria Rilke（ライナー・マリア・リルケ）
> "The Duino Elegies"（「ドウイノの悲歌」）

　第2章では，まずACTとCBT統合の基盤となっている理論を紹介する。次に，その理論を活用して，クライエントがやっかいな認知的内容から脱フュージョンする（つまり，その内容にとらわれなくなる）よう支援するにはどうしたらよいか，ということを示したい。次の第3章では，その理論を使って，どのような場合に伝統的な認知行動療法のテクニック（たとえば，認知再構成法）が最も効果的なものとなるのか，ということを特定していく。

　CBTとACTは，役に立たない思考や信念をセラピーの重要な焦点とみなすという点で類似している。また，一見したところ，両者は似通った技法を活用する。しかし，似たように見えても，きわめて異なる目的のために使わる技能もある。たとえば，マインドフルネス瞑想は，「今，この瞬間」（たとえ，それが不愉快なものであったとしても）への感受性を高めるために使用される場合もあれば，不愉快な情動を軽減するために使用

される場合もあるからである。

　ACTとCBTを統合する際には，内容（ある技法がどのようなものか）から機能（ある技法がどのような役割を果たすのか，あるいはその技法がどのようなことを意図しているのか）へのシフトが必要不可欠である。この章で説明する脱フュージョンという技法は，柔軟で価値に適合した行動を促進することを意図したものである。本章の前半では，理論を紹介する。後半では（実際には本書の残りの部分すべてでは），さまざまな実践的な応用の仕方にさらに焦点を当てていく。

関係フレーム理論：人間の苦悩を減らすには？

　関係フレーム理論（RFT）とは，「行動」的な視点から，言語プロセスと認知プロセスを理解しようとする試みである。この理論は基本的な学習原理（たとえば，強化や弱化（罰）に基づいている。この理論は徹底して実践的なものである。というのも，その理論が意図しているものは，あなたがクライエントの行動にポジティブな影響を与えられる手助けをする，ということだからである。では，実践家の皆さんに，4つの主要な含意を示すことから，この理論の紹介を始めることにしよう。

1．言語プロセスは体験を支配することができる。
2．言語は体験を変容させる。
3．言語は回避という潜在的な問題を大幅に拡大する。
4．言語プロセスは文脈によってコントロールされている。

それでは，以上の含意をひとつひとつ詳細に検討していこう。

言語プロセスは体験を支配することができる

　ヒトは，あらゆる種のなかでも，容易に自分の考えにとらわれ，環境的

随伴性に鈍感になってしまうという点で、おかしな生き物である。この点を説明するために、ネズミとヒトとの間の違いを考えてみよう。チーズを求めて迷路を探し回るようにネズミを訓練すれば、そのネズミは最終的にはチーズを発見するだろう。次に、チーズを迷路の別の場所に動かすと、ネズミはしばらく元の場所を探すだろうが、結局は諦めて他の場所を探すようになる。対照的に（比喩的な話であるが）、人間は、何度も何度も同じ場所を探し続け、「そこにチーズはきっとあるはずだ」、「それを動かす権利は誰にもない」と主張することもある。

ヒトは、非生産的な行動に固執する。今までの経験のすべてに照らして考えて「こんなことをしてもしかたがない」とわかっているときでさえ、そうしてしまうものである。例に事欠かない。一度侮辱を受けた後、何十年も憤りを抱えている人たちがいる。自分の家族や同僚に対して攻撃的に振る舞い、そのような行動が自分の人生を破壊しているように思われるときでさえ、それを変えない人もいる。さらには、親しくなりたいと望んでいながら、人びとを押しやるような行動に固執し、友情や愛のチャンスを損なってしまう人もいる。

なぜ、ヒトは袋小路のような行き詰まりに陥ってしまうのだろうか。それは言語（ヒトしか持っていないもの）のせいなのである。動物は、自分の体験をよりどころとして行動する。しかし、ヒトは行動のよりどころとして体験と言語を活用できるのである。たとえば、私があなたに「あの果物を食べてはいけません。もし食べたら、あなたは死んでしまいます」と言ったら、あなたは、自分がその果物について何も悪い体験をしたことがなくても、それを回避するだろう。私が警告し、そして、あなたがそれに注意を傾けたことで、あなたが死なないですむ可能性が増すのである。

残念ながら、言語は、必ずしもいつも、このように有用なわけではない。たとえば、言語によって、私たちは自分自身を評価し、自分は「失敗者である」または「ダメだ」と結論することもできてしまう。あなたなら、自分自身をどのように評価するだろうか、どれほど多くの評価ができることか、考えてみてほしい。「弱い」、「愛されない」、「恥ずべき」、「間違って

いる」,「正しい」,「むかつく」,他にも数えきれないほどある。私たちは,評価の海に生きているようなものなのだ。次のクライエント用プリントを見てもらいたい。評価がいかに蔓延しており,私たちやクライエントはどうしたら最もうまく,それらの評価とつきあっていけるかがおわかりいただけるだろう。

クライエント用プリント
「食べられるな」マシーン

　人間はつねに，自分自身を評価しています——他のどの動物よりも。「マインド（頭）」は，絶え間なく評価をしたり（「私はダメかも」「私はヤバいんじゃないだろうか」など），比較したり（「私はあなたほどスゴクない」「私はあなたよりも強いかな？」など）しています。
　このような評価や比較は，ひどく苦痛なものになることがあります。評価や比較の「スイッチを切ってしまおう」という誘惑に駆られることもあるでしょう。このような苦痛な考え方が頭に浮かんできてほしくない，と思うこともときにはあるのではないでしょうか。
　でも，このような考え方をちょっと違う目でとらえてみたらどうなるでしょう？　「これは，自分の頭の中にあるマシーンが生み出しているものだ」と考えてみてください。では，ここで，私たちのマインドを「『食べられるな』マシーン」として考えてみましょう。このマシーンの主な目的は，自分が食べられてしまわないようになんとか食い止めよう，ということです。私たちを脅かす脅威はないか，といつも目を光らせています。
　私たちは誰でも，こんなマシーンのスイッチは「オフ」にしてしまいたい，と望むことがときにはあるでしょう。でも，オフにすることができるのでしょうか。想像してみてください。もしオフにしてしまったら，「本物」の脅威を察知できなくなってしまいますよね。ひょっとしたら殺されてしまうかもしれません。
　というわけで，私たちはこのマシーンのスイッチを切ることができません。というのも，私たちが生きて

いたいと願っている場合，とても有用だからです。しかし，残念なことに，マイナス面もあります。このマシーンは，自分についてもスイッチが「オン」になってしまうことがあるのです。それは自分を「ダメだ」と評価してしまう恐れがあります。実際には存在していない問題や脅威を見つけ出してしまうこともあります。左のイラストを見てください。男の人がスピーチをしようとし，まるで人生が危機に瀕しているように反応しています。このイラストは，先ほどのマシーンの状況を表しています。

「マインド」が良いとか悪いということではありません。それは，役に立つときもあれば，役に立たないときもあるのです。

私たちが何か自分が高く評価するものに近づけば近づくほど，「『食べられるな』マシーン」はスピードを上げることがあります。ますます多くの評価をひたすら生み出し続けるのです。

マシーンは苦痛を与えます。しかも，私たちはそのスイッチを切ることができません。でも「良い知らせ」があります。私たちは，その評価を必ずしも信じる必要はないのです。たとえば，「とてもとても不安で，このスピーチをするのは無理だ」と評価しつつ，それでもなお，スピーチをすることはできます。「私は誰からも愛されそうにない」と思いつつも，それでもなお，愛を見つけるために行動を起こすことはできるのです。

何か自分にはできないと思ったことを，それでも，とにかくやったときのことを思い出してみてください。それが「『食べられるな』マシーンに耳を貸さない」ということの例なのです。

私たちは，その自己評価を支持する体験が何もないときでさえ，自己評価をし続ける。年齢を重ねるにつれて，自分がした体験によってではなく，自分がものごとをどう考えるかによって，生活が駆りたてられてしまう傾向が強くなるのである。

　関係フレーム理論（RFT）は「言語がいかに発達していくか」，そして「それがいかに体験を支配するようになるか」を解明しようとするものである。RFTの中核的考え方を図2.1に示した。2つの関係ネットワークがあり，ネットワークのなかの出来事は'relata'と呼ばれる。たとえば，図2.1のイラスト1では，relataは「スナートル」という語を構成する文字（SNARTLE）と，「スナートル」という音，そしてスナートルのイメージということになるだろう。ここでは架空の生き物を使っているが，それは現実の生き物についての既存の知識が関係フレームづけの理解を妨害しないようにするためである。

　子どもたちは強化と弱化（罰）を含む直接の訓練を通じて，relataを関係づけることを学んでいく。図2.1のイラスト1で，子どもはSNARTLEという文字が図の右側の生き物を表していると教えられる。親がその文字を指さし，「これは何？」と言うかもしれない。子どもがスナートルの絵を指さしたなら，親は「よくできました」と言い，拍手をする。そうして社会的強化をし，関係Aを教えるのである。同じように，親は「スナートルはどこ？」とたずねるかもしれない。もし子どもがグローグの絵を指さしたなら，親は子どもを強化しないだろう。親は再度「スナートルはどこ？」とたずねるだろう。子どもが正しくスナートルを指させば，親は再び「よくできました」と言い，拍手をする（それによって関係Eを教える）。親は，すべての関係を直接的に教えるだろう。たとえば，子どもは，スナートルを見たときには，「スナートル」と言うこと（F）と，SNARTLEと綴ること（B）を教えられるのである。

　関係についてのこの種の直接的な訓練は，多くのものごとについて生じる。子どもは語を，さまざまに異なる，人，ペット，物体，気分に関係づけることを学ぶ。直接の訓練をある程度行った後，興味深いことが起きる。

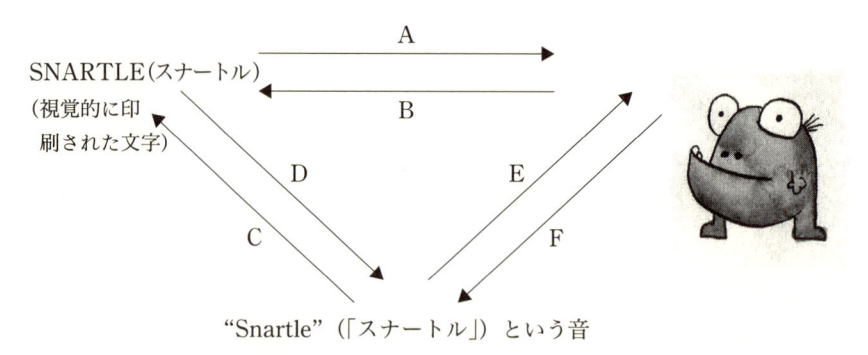

26　パート1　価値に基づいた生き方に対する認知的バリアの克服

```
SNARTLE(スナートル)  ────A────→
(視覚的に印         ←───B────
 刷された文字)
           D ↘  ↖ E
             ↘  ↖
           C ↙  ↘ F
       "Snartle"(「スナートル」)という音
```

イラスト1：初めて関係フレームづけへの従事を教えられている状態の子ども

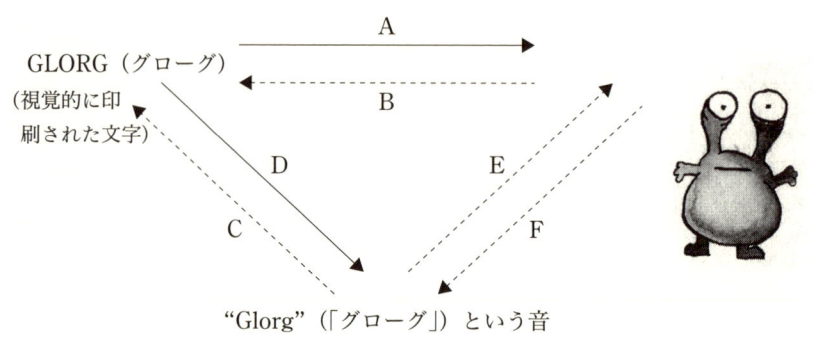

```
GLORG(グローグ)   ────A────→
(視覚的に印       ←---B----
 刷された文字)
           D ↘  ↖ E
           C ↙  ↘ F
      "Glorg"(「グローグ」)という音
```

イラスト2：直接の訓練を通じて何回も行った後に，学習と派生をしている状態の子ども

──── 直接の訓練によって獲得した関係
------- 派生された関係

図2.1：関係フレーミング行動の発達

子どもは，親や親以外の環境から直接的な強化がなくても，関係を派生し始めるのである。ある日，親が子どもに，ＧＬＯＲＧという文字が図2.1のイラスト2の中のイメージと関係している（関係A）と教えたとしよう。さらに，これらの文字が「グローグ」という音に関係している（関係D）と，明白に教えられたとする。これらの2つの関係が学習されていれば，その子どもは直接強化されなくても，他のあらゆる関係を派生できるよう

になるだろう。たとえば，私たちがその生き物を指さして「これは何？」と言うと，子どもは正しく「グローグ」と答えるだろう。言い換えるなら，2つの関係が教えられれば他の4つの関係は派生されるのである。つまり，直接的な体験がなくても，関係づけられるのである。このような派生的関係は，人間の場合，早くも18カ月で出現し始める。そして，それがRFTの核心である[62]。

派生的関係には，深い意味が含まれている。人は直接的な体験を通じて，わずかな関係性を教えられただけで，間接的に膨大な関係性を一気に派生できるようになる。直接的に訓練されたX個の関係が，総計X^2個の派生的関係を生産しうるというようにである（たとえば，6つの刺激の間の5つの関係を直接的に訓練することで，総計で25の派生的関係が生まれることになるだろう）。したがって，直接的な体験に基づく私たちの理解は，派生されたものと比べると極めて小さな割合でしかないのである。

重要なことに，RFTに関係する研究によれば，言語的な構成概念が，自分の体験と一致しない場合，言語的な構成概念のほうが優勢になることが多い，ということが示唆されている[64,71]。人は，自分の体験がルールとまったく矛盾するときでさえも，ルールに従い続ける[62]。別の言い方をすると，私たちは，そのようにすると有害でさえあるときでも，しばしば自分の体験よりも自分の思考を信頼してしまうのである。

言語は体験を変容させる

関係フレーム理論が，「グローグ」という音がどのようにしてGLORGという文字と関係づけられるようになるかを説明するだけのものなら，かなり退屈なものになってしまうだろう。それではここで，臨床的に関連のある部分へと入っていくことにしよう。「グローグ」ということばを聞いても，あなたは別に情動的に何かを呼び起こされるということはないだろう。しかし，ことばというのはそうそう中立的なままでいられるものではない。

このことが，RFTの最も重要な原理を導く。派生的関係反応（つまり，人はA→Bの関係を訓練されると，B→Aの関係も派生する）のおかげで，言語というものは双方向的に体験と関係づけられる傾向がある。たとえば，文脈によっては，「危険」という語が，危険そのもののいくつかの嫌悪的機能を伴うのである。そのことばを聞くと，恐ろしくなり，手の平に汗をかいてしまうことがある。大きくて，人懐っこそうな犬を撫でようとしているまさにそのときに，その飼い主が「その犬は危険だ」と言ったとしよう。この文脈で，あなたは「危険だ」と聞いたとたん，それまでのリラックスした気分から一転，恐ろしさを感じるようになってしまうかもしれない。このような双方向性は，人間に固有のものとされている[62]。

図2.2は，双方向性に関する実験の3つの段階を具体的に示している。イラスト1で，子どもとオウムは両方とも実際のグローグに曝露されている。グローグは，恐ろしい音を出し，子どもとオウムを両方とも怖がらせる。イラスト2で，女性が「グローグ」という語を言う。これを聞いて子どもは怖がるが，オウムは怖がらない。本質的に，子どもの場合，「グローグ」という音は，実際のグローグの恐ろしい刺激機能の一部を獲得しているのである。注目すべき重要な点は，図2.2で示されたように，「グローグ」という音が実際のグローグと同時に提示されたことが一度もなかったということである。動物を用いた研究のなかで，「グローグ」という音を聞いて実際に動物が脅かされることを明らかにしたものは一つもない。グローグが動物にとって恐怖となるのは，それが電気ショックと実際に対提示された場合に限られるのである。

このように，ことばがそれまで一度も何か悪いものと対提示されたことがない場合でも，そのことばを聞いただけで，人間は恐怖を感じるようになる可能性がある。図2.2のイラスト3は，直接的な体験がなくても，刺激機能がいかに他の刺激に拡張し続ける可能性があるかということを具体的に示している。女性が，「グローグ」という音は「スナートル」という音と等価である，と子どもとオウムの両方に教えたとしよう。日常的なことばで言うのなら，「グローグというのはちょうどスナートルみたいなも

第2章 ことばの「罠」から脱出するには　29

イラスト1：グローグは恐ろしい音を立て，子どもとオウムの両方を脅かせる。子どもとオウムは双方とも，グローグを見たら恐ろしくなるということを体験から学ぶ。

イラスト2：女性が「グローグ」と言う。文脈によっては，これを聞いて，子どもはギョッとすることもあるだろう。しかし，オウムの場合は「グローグ」ということばが恐ろしい体験と対提示されたことが一度もないため，そのことばを聞いてもギョッとすることは決してない。

SNARTLE
（スナートル）
（文字）　あるいは
「スナートル」（音）

イラスト3：女性が，オウムと子どもの両方に，「スナートル」という音は「グローグ」と同じである，と教える。その後，人間の場合，スナートルに関するすべてのものが恐ろしいものとなるだろう。しかし，オウムの場合には，そうではない。恐ろしい体験が実際にない状況でも，人間の恐怖は拡大する。

図2.2：双方向性とは何か？

のだ」と子どもに言ってもいいだろう。あるいは，オウムには，「グローグ」を「スナートル」という音と一致させるよう強化してもいいかもしれない（たとえば，オウムが「グローグ」という音を聞いて，スナートルの絵を突っついたら，オウムは食べ物を受け取るようにする）。人間を適切な文脈下におけば，このように関係性を学習することで，3つのrelata——スナートルの絵，「スナートル」という音，ＳＮＡＲＴＬＥという視覚的な綴り——のすべてに対して刺激機能が転換することになるかもしれない。これらの刺激が脅威と対提示されたことはこれまで一度もなかったとしても，この3つの刺激のいずれも，その少年に恐怖を呼び起こしかねないのである。対照的に，オウムはこれらの刺激のどれに対しても恐怖を感じるようにはならないだろう。

　スナートルとグローグを離れて，現実世界の例をいくつか考えてみよう。あなたは職場でサムという名前の人物に侮辱されたとする。自宅へと車を運転しながら，あなたはその侮辱を何度も思い返し，ますます怒りを激しくしてしまうだろう。ことばにすると，その侮辱的な体験が目の前に浮かびあがってくる。あなたは自分の車の中に1人でいるのかもしれない。しかし，あなたが自宅へと車を走らせるとき，あなたのことばは，サムをあなたと一緒に「連れてきて」しまうのである。

　あなたは帰宅し，サムという人物について，また彼がいかに侮辱的で残酷であるかについて，あなたの妻に話したとしよう。あなたのことばを聞いたことで，あなたの妻は，サムに一度も会ったことがないにもかかわらず，彼に対しておそらく嫌悪感を抱くようになってしまうだろう。マーケットで誰かがサムの名前を呼んだら（つまり，その人が「あのサムだ」とわかったら），彼女はその男性を避けるかもしれない。

　さらに「サム」ということばの嫌悪的機能は，どんどん広まっていく可能性がある。たとえば，この妻が夫に「お隣の新しい人ったら，サムみたいなのよ」と言ったとしよう。そう言われた夫は，この新たな隣人を避けるようになるかもしれない。言語によって，サムの嫌悪的機能が，サムに会うことに対する妻の反応と，新しい隣人への夫の反応に，いかに影響を

及ぼしたかということに注目してみてほしい。夫の「サムとの短い体験」が時間的に，職場からの帰宅途中へ，さらに妻とのやりとりへと，いかに拡大していったかにも注目してほしい。

　要約すると，言語の双方向的な性質とは，ことばが体験そのものと同等に，感情を呼び起こし，影響力を持ちうることを意味している。たとえ，そのことばが実際には真実ではなかったとしても同じことだ。もはや過ぎ去ってしまった過去の体験や，決して生じないかもしれない未来の体験について言語化した場合でも，同様である。

　次のワークシートは，私たちのものごとの体験が，ことばによって，いかに変容してしまうかということを直観的に説明したものである。クライエントは，これをホームワークとして記入してもいいだろう。または，これをアレンジして，セッションのなかで行ってもよい。

クライエント・ワークシート
ことばはすべてを変える

　このエクササイズは，ことばが持っている「体験を変容させる力」を具体的に示しています。

1．あなたの好きなデザートを想像してください。<u>それについて，ここに書いてください。</u>そのことばによって，そのデザートの香りや味がすべて思い浮かんでくる様子に注目してください。

2．今度は少し時間をとって，あなたの口の中の唾液（だえき）の感じに注目してください。その質，歯の裏側でなめらかに感じられる様子に注目してください。では次に，食べ物を食べて消化するうえであなたの唾液は，あなたのためにどのようなことをしてくれるのでしょうか，いくつか考えてみてください。<u>唾液について考えるときに，あなたに浮かんでくる思考と感情を書きとめてください。</u>

3. では、あなたの前に綺麗なコップがあり、あなたは自分の口の中の唾液を集め、それをコップの中に吐き出すと想像してください。次に、それを飲むことを想像してください。今、あなたに浮かんでくる思考と感情を書きとめてください。

4. 最後に、あなたの大好物のデザートが出され、あなたは今まさにそれを食べようとしていると想像してください。しかし、それを食べる直前に、あなたはデザートの上に唾を吐くのです。あなたはそれでもそのデザートを食べますか？ デザートを食べることについて考えながら、今、あなたに浮かんでくる思考と感情を書きとめてください。

　ことばによって、あなたの感じ方がどのように変わったかに気づきましたか。「唾液」ということばが優勢だったときと、「吐く」ということばが優勢になったときでは、あなたは別の考え方をしていた可能性が高いでしょう。あなたの考え方、感じ方、行動の仕方は、ことばによってとてもすばやく変わってしまうことがあるのです。
　このエクササイズは、ことばによって、どれほど容易に体験が変容してしまうかを具体的に示しています。あなたは、いつもことばでものごとを考えています。毎日の生活のなかで、あなたのことばは、どれほど頻繁に自分の体験を変えているか、少し考えてみてください。

言語は回避という潜在的な問題を大幅に拡大する

　人間以外の動物には，外界の嫌悪的な刺激を回避しようとする強い傾向がある。ネコは，ある木の実を食べて気持ちが悪くなると，その後，その木の実を避けるようになるだろう。また，ある子どもに攻撃されると，その子どもを避けるようになる。人間が「イヌだ！」と叫び，それが常にイヌがネコを攻撃する合図となる，といった場合のように，ことばが何か嫌なことを予告するのでない限り，ネコがことばを避けようとすることはない。またネコは，自分の不愉快な感情を避けようとすることもない。

　対照的に，人間は，しばしば不愉快な思考や感情を回避しようと努める[71]。関係フレーム理論では，次のような説明となる。それは，思考を回避するようになるのは，まさに「ことばが嫌悪的な外的事象の刺激機能を持つから」なのである。たとえば，言語によって，私たちは不安を「危険」であり，外的な脅威と同じように回避すべきものとして評価できるようになる。**体験の回避**は，思考や情動，記憶といった，ネガティブな私的体験の頻度や形態を減らそうとする試みとして定義される。人はこれらの体験を回避するために，抑制や気ばらし，ポジティブ思考，アルコール乱用，過度の労働などを行うことがある。

　体験の回避は，短期的にはうまく機能することもあるが，長期的にはうまく機能しない。研究によると，被験者に対して，ある思考を抑制するよう求めた場合，抑制を教示されなかった者と比較して，その後にその抑制された思考が増大することが明らかになった[131]。また，気分を抑制すると，その感情は，一種の自己増幅的な悪循環のように，よりいっそう強度を増すことも，研究から示唆されている[45,126]。実際，このような悪循環が強迫性障害を導いているのである[123]。

　思考の抑制は，疼痛の強度を高めたり[122]，不安を増幅したりする[81]。入眠前に思考抑制をした場合には，睡眠の質に対する評価を下げ，ベッドに入って寝るまでの時間を実際より長く評価したりするのである[57]。また，大酒飲みの人がお酒を飲みたいという衝動を抑制すると，アルコールの強

化効果が増幅される[97]。同様の結果は，コーピング研究において示されている[40,99,127]。さらに，体験の回避のレベルの高まりは，不安の増加，うつ，物質乱用，心配，慢性疾患，高リスクの性行動，学習機能低下，職場でのパフォーマンスの低下，生活の質（guality of life：QOL）の低下，全般的な精神病理の重症化と相関しているのである[69]。体験の回避については，第6章で詳しく取り上げることにする。

言語プロセスは文脈によってコントロールされている

　なぜ，私たちは，常に関係を派生させるのか，つまり関係フレームづけをしてしまうのか。なぜなら，私たちの周りの人間がそのような関係づけを強化するからである。これこそが，RFTの研究から示唆されることである[11,62]。それを，2つの想像の生き物，スナートルとグローグを用いて説明してきた。子どもというのは，音（"dog"＝「イヌ」など）をイメージ（実際のイヌ）と文字（ＤＯＧ＝「イヌ」）に結びつけるよう，常に強化されている。

　しかし，関係フレームづけが強化される文脈だけでなく，それを切り崩す文脈もある。これは決定的に重要なことである。というのも，それがあることによって，実践家が，有害な言語プロセスを，徐々に崩していけるようになるからである。言語に関係した介入には，一般的に2つのタイプがある。

　（意味的な）関係に対する介入では，出来事がどのように，またどの程度まで，関係フレームづけされるかを制御する文脈を創出する。たとえば，弱化（罰）を使って，「私」を「あまりに頭が悪いから大学には行けない」という考えとフレームづけしてしまう可能性を減らすことができる。この思考が頭に浮かんだら，手首にはめた輪ゴムをはじき，小さな痛みを自分に与えるようにする。このような考えを持っているクライエントと取り組む場合，この考えに反駁する介入を使用し，クライエントが知的に振る舞えなくて，頭が悪いという考えが間違いであることを明らかにする事例を

見つけられるように援助するのがよいだろう。あるいは,「私は,ときどきバカげたことをすることもあるけど,だからといって大学に行けないわけではない」といった,もっと役に立つ信念を強化することもできる。(意味的な) 関係に対する介入については,第3章でさらに検討していくことにする。

　機能に対する介入では,relataの刺激機能の変容や修正を制御する文脈を創出する。別の言い方をすると,機能に対する介入とは,あることばが持っている行動への影響力を弱めようとすることである。たとえば,もし私が「あなたは,あまりに頭が悪いから大学には行けない」と言ったとしよう。これは,さまざまな点であなたに影響を与える可能性がある。もしこの発言が,私の言うことを信じるように,私があなたに強く促している文脈で提示されたならば(たとえば,私が知性を研究している科学者だと信じ込ませた文脈など),あなたはこの発言を聞いて,大学に行くのをやめることに納得してしまうかもしれない。対照的に「頭が悪い」というような評価を聞いたら,すぐにそれをマインドフルに観察し,そのような評価によって直接的に行動を影響されないように,あなたが学んでいる文脈ならば,この発言はあなたに何の影響も与えないだろう。

　要約すると,(意味的な) 関係に対する介入は思考の形態を変容しようと試みる(たとえば,「私はあまりにも頭が悪い」から「私はそれほど頭は悪くない」へと変容させる)。一方,機能に対する介入は思考の影響力を弱めさせようと試みる(たとえば,「私は頭が悪い」という考えが何も影響力を持たないようにする)。

機能に対する介入:脱フュージョン

　実践的な話に進む前に,まずは,いくつかの鍵となる用語を検討しておこう。**フュージョン**とは,特定の言語的機能が,他の潜在的に利用可能な非言語的機能および言語的機能よりも優勢であることをいう[71]。対照的に**脱フュージョン**とは,他の直接的,間接的に利用可能な心理的機能が,刺

激性制御を行使するようになるプロセスのことである。これらの定義を具体的に説明するために，次の例を考えてみてほしい。ある女性は癌(がん)であると診断され，2年以内に亡くなる可能性があると告げられる。この知らせを聞いて，この女性は「死は無を意味する。私は死んでしまう。私の人生は無である」と考えた。単に，このような思考が頭に浮かんだだけなら，フュージョンを示していない。しかし「私の人生は無である」ということばが彼女の行動を制御する役割を行使した場合，彼女はこのことばとフュージョンしている，といえる。この場合，この制御は非常に強力であるため，彼女は，たとえば，孫が毛布の下に隠れるのを目にするというような，かつては彼女に喜びを与えたことにも，もはや反応しなくなってしまう。脱フュージョンには，その女性が自分の孫娘の姿を見てもう一度影響されるようになる（たとえば，その子どもと遊ぶ）ように，「私の人生は無である」ということばの力をいくらか弱めることが求められる。

　時として，私たちは，フュージョンが起きていることを示すために，別の語を用いることがある。誰かが思考を「信じる」，あるいは思考を「買う」という言い方をすることがあるのだ。その考えを「信じる」という概念は，フュージョンの概念と類似しているが，まったく同じというわけではないことに注意しなければならない。たとえば「私は癌であり，1年以内に死んでしまう」ということを信じながらも，それによって全面的に支配（フュージョン）されないでいることは可能である。人は，このような思考を抱えながらも，残りの人生を最大限に生きることができる。

　それでは，どのようにして脱フュージョンを促進したらよいのだろうか。たとえば，癌にかかり，自分の人生は無であるという考えとフュージョンしてしまった女性を，私たちはどのように支援したらよいのだろうか。関係フレーム理論では，以下のことが示されている。私たちは，破壊的な言語の力を弱めるよう，人々を支援する文脈を創出できるのである。「考える」というプロセスに焦点を当て，形式的な（formal）刺激と恣意的な（arbitrary）刺激を区別し，マインドフルネスの実践とその他の脱フュージョン技法を活用するのである。それでは次に，これらのことをそれぞれ

詳細に検討していこう。

「考える」というプロセスに焦点を当てる

　脱フュージョン・エクササイズに従事しているときには，言語を基盤とするプロセスを最小化することが決定的に重要である。その方法のひとつは，クライエントが自分自身の体験を新しい見方でとらえるための視覚的メタファーを示すことである。図2.3は「悪い眼鏡」のメタファーを示している。これはフュージョンと脱フュージョンの違いを具体的に説明するものである。フュージョン（左のイラスト）では，言語というレンズを通して見ることになる。脱フュージョン（右のイラスト）では，言語というレンズを見ることになる。たとえば，あなたはスポーツのイベントに参加したいと思っているとしよう。しかし，あなたは，参加について考えるとき，その一方で「私はこのスポーツがあまりにも下手なのでプレーできない」とも考える。もしあなたがこの思考を自覚しておらず，それを信じてしまう（フュージョンしてしまう）と，あなたは結局そのスポーツをしないと決めてしまうかもしれない。つまり，あなたは「私は下手だ」というメガネを通して世の中を見てしまうかもしれないのである。対照的に，もしあなたが，「私は下手だ」という思考を自分が抱いていることに気づけば，あなたは，それを信じるか（そのスポーツを行わないか），それとも信じないか（そのスポーツを行うか）を決める，より適切な立場に立てることになるだろう。脱フュージョンは，評価を見つめ，選択をするためのスペースを与えてくれるのである。

　ここで重要なのは，脱フュージョンとは，メガネの構造を変えようとしたり，メガネを取り去ろうとしたりするものでない，ということである。むしろ脱フュージョンとは，メガネが行動に及ぼす影響力を弱めようと努めるものである。「私は下手だ」というメガネをかけていても，効果的な行動をすることは可能なのである。

　最も簡単な脱フュージョンのエクササイズに，厄介な評価，思考，記憶

第2章 ことばの「罠」から脱出するには　39

評価は私たちに色メガネでものごとを見させる。

脱フュージョンでは，評価を通してものごとを見るのではなく，評価に目を向けることを学ぶのがテーマである。

図2.3：「悪いメガネ」のメタファー

を書きとめる，というものがある。以下のエクササイズ——評価とは「牢獄の鉄格子」である——が，その一例である。このエクササイズは，クライエントが，自分の人生において，牢獄の鉄格子として作用していると思われる「評価」にはどんなものがあるかを見極めるために実施される。

クライエント・エクササイズ
評価とは「牢獄の鉄格子」である

　私たちが自分を評価するさまざまな方法は，時折，私たちの人生の中で牢獄の鉄格子のような作用をするようです。自分が価値を置いていることを実行しようとするときに，その妨げになってきた「評価（あなたが自分に下してきた）」を書き出してみてください。

私たちの評価は強力で，牢獄の鉄格子のように現実的で，強固なもののように思えるかもしれません。しかし，あなたに見えているものが，ネコ（右のイラスト）には見えていないことに注目しましょう。これは，評価が物理的なバリアに思̇わ̇れ̇るだけで，実際にはそうではないからです。評価とは，私たちの頭の中に浮かんでは消える出来事なのです。

　評価それ自体が良いとか悪いとかいっているのではありません。ただ，評価は，鉄の格子とは違うということに注目してください。私たちは，評価が述べることに耳を貸し，評価が引き止めるのに従うこともできます。そうではなく，評価が言うことには耳を貸さず，自分の価値に従ってどんどん前に進んでいこうとすることもできるのです。

もうひとつのエクササイズは，クライエントが，問題となる思考を索引カード（標準的には7.6×12.7 cmの厚紙）に書きとめて，それを持ち歩く，というものである[71]。この索引カード・エクササイズは，クライエントが次の3つのことを行うのに役立つ。①思考を通してではなく，思考を見る。②自分自身と自分の思考との違いを体験する（これについては第4章でさらに触れる）。③効果的に行動しながら思考を持ったままでいることが可能であるということを体験する。たとえば，フランセスというクライエントについて考えてみよう。彼女は，パニックになるのが怖くて銀行に行けない，と訴えていた。セラピストは，フランセスが銀行に行くことについて考えるときに現れる，鍵となる思考に注目するように促す。その思考には，次のようなものが含まれていた。「銀行に入って行って，ヘナヘナと力が抜けてしまったら，どうしよう？」「手が震えてサインをできなかったらどうしよう？」「みんなが私をジロジロ見たらどうしよう？」。セラピストはフランセスに，このような思考をカードに書いて，銀行に持っていくように勧める。このエクササイズは，彼女が，自分が価値づけること（自立し，銀行に行く）を行いつつ，なおかつ「もし〜なら，どうしよう」という思考を持ったままでいられるということを具体的に示している。これは，彼女がそのような思考を抱いていても，彼女と彼女の思考はイコールではないことも実証している。

最も柔軟な脱フュージョンのエクササイズのひとつに，「バスの乗客」メタファー[71]がある。このエクササイズは，グループセッションや個人セッションの中でも，ホームワークとしても，実施可能である。以下のワークシートを使って，クライエントが自分のバスで進みたいと思う「方向」と，自分のバスに乗った「乗客」（＝思考）を記録する。以下は，ホームワーク・エクササイズの例である。

クライエント・エクササイズ
バスの乗客

　まず，あなたの行きたい方向（あなたの価値）を挙げてください。それを，左上の「吹き出し」に，その価値を書き込んでください。次に，あなたのバスの「乗客」を挙げてください。ここでの「乗客」とは，やっかいな思考，感情，記憶，身体感覚など，あなたがその声に耳を傾けると，あなたが価値づけた方向から外れるように，あなたを導いてしまうものです。それを挙げることができたら，残りの「吹き出し」に，それらを書き込んでいってみてください。

価値：

「バスの乗客」エクササイズは，不安や評価的思考といった内的体験に物質的な「形」を与えるという点で，ACT の多くのエクササイズと共通している。このような「モノ化（physicalizing）」エクササイズの目的は，人びとに思考を通して見るのではなく，自分の思考をモノとして見るようにさせること（たとえば，先述の「悪いメガネ」のメタファーのように）である。

「バスの乗客」メタファーが，ダイアンという名前のクライエントに，どのように機能するかを見てみよう（彼女の物語を聞いた後に，ダイアンの立場になって，エクササイズのワークシートを記入してみてもよい）。

ダイアンは，幼い二児の母である。2年間にわたりアルコールを乱用してきたため，児童養護施設に，子どもたちを取り上げられてしまった。彼女は，なんとかわが子を取り戻したいと必死である。彼女は，飲酒をやめて仕事に就かなくてはならない，と言われている。12 ステップ・プログラム（アルコール依存症者のための回復支援プログラム）に行き，断酒には成功したものの，職探しは先延ばしにし続けている。忙しすぎるという言い訳をし，就職の面接をとりつけたときでさえ，面接に姿を現さない。

ダイアンのセラピストは，やっかいな思考や感情が彼女の就職活動に対するバリアとして作用しているのではないか，と考えていた。そこで，「バスの乗客」エクササイズを彼女と一緒に行ったのである。最初のステップは，ダイアンはいったいどこに行きたいのかを確認することである。すなわち，彼女が「どの方向に価値を置くのか」である。（価値とゴールについては第 7 章参照。）ダイアンは「良い母になりたい」と言う。この方向に進むためには，彼女は就職して子どもたちを返してもらう必要がある。

彼女のセラピストは，ダイアンの進みたい方向を確認すると，彼女のバスに乗っている「乗客」，すなわち，彼女が価値づけした行動や方向に対するバリアとなっていると思われる思考，感情，記憶を同定するよう彼女を促した。ダイアンはセラピストに，仕事への応募について考えると激しい不安（乗客 1）を感じ，「誰も私に仕事をくれないだろう」（乗客 2），

「人は私を役立たずだと思うだろう」（乗客3），「たぶん私には，いずれにしても母親になる資格がないのだろう」（乗客4），と話した。

　ダイアンは，このような乗客を乗せたいと思っているわけではない。自分をほうっておいてほしい，彼女は乗客たちにそう望んでいるのである。しかし，就職するというゴールへ向かって彼女が進むたびに，乗客たちはバスの前方で彼女をぐるりと取り囲んでしまう。乗客たちは恐ろしく，彼女は彼らが去ってほしいと願う。彼女は乗客たちと口論するが，乗客たちは断り，立ち去ろうとしない。結局，彼女は彼らと取引をする。乗客たちがバスの後方で姿が見えない所に留まることを承知してくれれば，彼女はゴールに向けて運転するのはやめるというのである。この方略は短期的にはうまくいく。恐ろしい思考は，実際，しばらくは陰に隠れていてくれそうである。ただ唯一の問題は，今やダイアンは自分の行きたい方向に運転していないということである。しかも，乗客たちは今，さほど彼女を困らせていないかもしれないが，本当に消えてしまったわけではないのである。彼らはいまだにバスの後ろに潜んでいる。いつでも前に出て来かねない。

　ダイアンのセラピストは，これに代わる方法へと彼女を導く。「これらの乗客にはあなたを傷つけたり，あなたにある方向へ運転させたりすることなどできないとしたら，どうでしょうか？」とたずねる。「乗客たちにできるのは，バスの前方に出て来て，恐ろしく思わせることだけだとしたら，どうでしょう？　乗客たちにできるのはこれだけだとしたら，そのときあなたには選択肢があります。あなたは乗客たちと戦うことにしてもいいですし，彼らも一緒にバスに乗せていくことにして，あなたが価値を置く方向へ運転し続けることを選ぶこともできるのです」

　このエクササイズは脱フュージョン（思考や情動を物質的な存在として見る）だけではなく，アクセプタンス，ウィリングネス，価値をどのように活用していくかを具体的に説明してもいる。この3つについては，第6章と第7章でより詳しく取り上げることにしよう。また，このエクササイズはクライエントが「文脈としての自己」を体験するのにも役立つ。つまり，自分自身を思考と等価なものとしてではなく（バスは乗客ではないよ

うに），思考を抱えているものとして（ちょうどバスが乗客を乗せるように）体験するのを助けるのである（「文脈としての自己」については，第4章でさらに詳しく学ぶことにしよう）。ここでわかるように，理想的なエクササイズには，同時に多くのセラピー・プロセスが存在しているのである。

　このエクササイズは，個人セラピーとグループセラピーのどちらの状況でも実施可能である。どちらの状況でも，セラピストとクライエントはそれぞれ異なる役を演じる。たとえば，運転手の椅子が前に，乗客の椅子は後に並ぶように，グループの中で椅子を配置するとよいだろう。グループのなかで誰か1人に運転手となってもらう。最初に，その運転手に，価値づけされた方向を同定してもらい，その価値を紙に記す。そして運転手の前方の壁にそれを貼るのだが，少し離れた所に貼るようにする。次に運転手に，乗客を決めてもらう。これらの乗客は，価値づけされた方向を追求するのを妨げる思考，気分，記憶である。それから，セラピーグループの各参加者（「運転手」以外）が乗客に割り当てられる。最後に，運転手と乗客が自分の席に着く。乗客たちは，役になりきって，運転手の気持ちをそらせてみるよう促される。たとえば，乗客のなかに，「不公平」と呼ばれる客がいるならば，その乗客はその状況の不公平なことについて何か大声で叫ぶ。あるいは「絶望」と呼ばれる乗客ならば，その目標を達成するのは不可能だ，断念すべきだと，運転手に言う。

　運転手の唯一の仕事は，ゴールに集中し続け，自分が乗客によってとらわれてしまっているとき，つまり，乗客の言っていることを信じているか，あるいは少なくとも，それに反応していることに気づくことである。このエクササイズでは，運転手が振り返って乗客と口論を始めてしまうことが多い。セラピストは，このようなことが起こってもそのまま容認し，後でエクササイズの締めくくりに，乗客と口論しているとき自分はゴールに向かって運転していなかったということに運転手が気づくよう支援する。エクササイズは，ゴールに焦点を当てたまま乗客に言いたいことを言わせておくという体験を運転手が理解するまで，何度も繰り返すとよいだろう。

エクササイズのゴールは，乗客に耳を貸さないことでも，乗客に気をそらされないということでもない。乗客を運びつつ，同時にゴールに焦点を当てたままでいることなのである。

　他にも，クライエントが「考える」というプロセスに気づくように支援するエクササイズは多数ある[70,71]。一般的に，セラピストは，クライエントと共にマインドフルに存在し，言語プロセスが展開していくなか，そのプロセスに着目するようクライエントを支援する。セラピストはしばしば，クライエントの「マインド」は，クライエントとは別個の存在であるかのようにコメントする。たとえば，「そのような評価をしてくれたことに対して，あなたのマインドに感謝します」，「あなたのマインドは今，あなたに何と言っていますか」などと言ったりする。クライエントの注意を「考える」というパターンそれ自体に向けさせ，そのようなパターンが本当に役に立っているかどうか，という質問をしてもよいだろう。たとえば「あなたはリスクを冒す前に，あることがらの良い点と悪い点をリストにして，本当に何もかも明らかにしておくことがお好きなようですね。また，あなたが，どれほど頭が良く，いかに推論が得意かもわかります。それでも，この場合，そのような推論が本当に役に立っているでしょうか？　そのようなことをすれば，あなたは自分の行きたいところへ行くことができるのでしょうか？」というようにである。

　このセクションのエクササイズは，標準的なCBTの認知に挑戦するエクササイズと類似している点もあれば違っている点もある。認知に挑戦するエクササイズでも脱フュージョンでも，やっかいな思考をほとんどモノのように見ることになる。したがって，どちらのエクササイズも，人びとの自分の内的体験に対する意識を高めることになる。しかし，CBTはさらにもう一歩先まで進み，そのような思考の内容に挑戦しようとする（たとえば，「あなたが『悪い』という証拠は何ですか？」）。この挑戦的なステップについては次章でさらに検討していくことにしよう。

形式的な刺激と恣意的な刺激を区別する

　もうひとつのタイプの介入では，形式的な刺激の特性（つまり，感覚によって知覚可能なこと）と恣意的な刺激の特性（つまり，重要性や価値についての評価）を区別するようクライエントを支援する。たとえば，クライエントは，何かについての記述的な部分（テーブルの硬さなど）と評価（テーブルが「悪い」かどうか，次のエクササイズを参照）とを区別するように教えられる。クライエントは，ひとたびこの区別を学ぶと，それを自分自身の人生に適用することが可能になる。不安に対する記述（胃腸のなかの身体的な感覚，心臓のドキドキ）と評価（たとえば，不安は「耐えがたい」）を認識することを学ぶのである。

　「記述 vs.評価」エクササイズは，記述にはきわめて確固たるものがある一方で，評価はもっとはかなく実体がないものであることを理解するためのものである。このエクササイズの最中には，評価について真偽を議論しないことが重要である。鍵となるのは，体験に基づいた刺激なのか，言語に基づいた刺激なのか，という区別に着目するよう，クライエントを支援することである。体験に基づいた刺激には注意を払う必要がある（たとえば，コンロの上部に熱を感じたら，その情報を活用してそこに触らないようにしなくてはならない）。言語に基づいた刺激は，自分が持ち歩くものとなる。それは，熱いコンロのような外的な危険なものでも，牢獄の鉄格子のような物質的なバリアでもないのである。人は，それを自分の行動の指針として利用しようと決めてもよいし，そんなものは使用しないことにしてもよい。

クライエント・エクササイズ
記述 vs. 評価

　このエクササイズの目的は，思考から「解き放たれる」方法を学べるように，あなたを支援することです。何か1つの考えにとらわれているときには，その思考があなたをあなたの行きたくもない場所へと連れて行ってしまいます。思考から「解き放たれる」方法を学べば，あなたはその思考を抱えながらも，なお自分のしたいことをできるようになります。たとえば，「私は価値がない」と考えつつも，なおも価値ある行動の仕方をすることは，可能なのです。

　思考から「解き放たれる」ことを学ぶには，練習が必要です。その役に立つ実践練習として「記述と評価を区別する」というエクササイズがあります。

　記述というのは，人が見たり，聞いたり，匂いを嗅いだり，味わったり，触れたりできるものをことばにする（たとえば，テーブルは硬くて冷たい，など）ことです。

　評価というのは，何かの重要性（「私の人生は重要ではない」），良さや悪さ（「私は悪い」，「私の対人関係は非機能的だ」），有用性（「私は価値がない」，「セラピーは役に立たない」）についてことばにしてみることをいいます。

　私たちは，しばしば，評価と記述を混同してしまいます。評価を「牢獄の鉄格子」のように強固であるか，さもなければ現実の脅威のように危険なものだと考えてしまいます。そして，自らの評価に脅されるままになってしまうことが多いのです。

　このエクササイズで重要な質問は，次のようなものです。「これは，何か，見たり，味わったり，触れたり，匂いを嗅いだり，聞いたりできることについて述べているだろうか」。もし，そのとおりならば，それはおそらく「記述」であるといえます。逆に，そうでなければ，おそらく「評価」です。

パートA：絵の卵について考えてください。準備ができたら，最も適切な答えに○をつけてください。記述の場合には「description（記述）」のD，評価の場合には「evaluation（評価）」のEです。

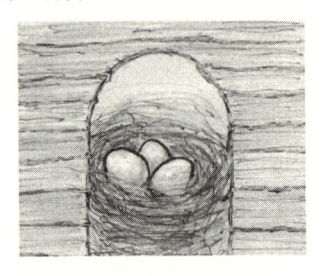

	記述	評価
1．卵は卵形をしている。	D	E
2．卵は腐っていて，イヤな臭いだ。	D	E
3．卵はおいしい。	D	E
4．卵はすべすべである。	D	E
5．卵にはいろいろな食べ方がある。	D	E
6．卵とベーコンは完璧な組み合わせだ。	D	E
7．これらの卵は白い。	D	E

答え：1．D／2．E／3．E／4．D／5．D／6．E／7．D

■ 「記述」は絵を見るとわかりますが，「評価」は絵のどこにも描かれていないことに注目してください。「評価」というのは，私たちの頭の中で生じるものなのです。

■ この区別についてもうひとつ別な考え方があります。仮に世界中のすべての人が，これらは「悪い」卵であると考えたとしても，卵にとってそれはどうでもいいことです。卵はまったくそのままでしょう。すべての人が，その卵は「良い」と考えたとしても，その卵はやはり同じままなのです。

■ 「評価」が，いつも良いとか悪いということではありません。場合によっては，役に立つこともあれば，役に立たないこともあります。私たちは，評価を信じることを選択できます。逆に，評価を耳にしても，それを信じず，自分にとって重要なことをする，ということも選択可能なのです。

パートB：今度は少し難しい例に移りましょう。次に挙げるのは，夫と妻が口論の最中に言ったことばです。

	記述	評価
1．あなた（お前）はもう私（僕）の言うことを聞いていない。	D	E
2．あなた（お前）は太りすぎだ。	D	E
3．私たちには子どもが3人いる。	D	E
4．私たちは結婚して20年だ。	D	E
5．私たちは何も意味あることについて話していない。	D	E
6．この関係は急にどうしようもなくなってきている。	D	E
7．あなた（お前）は働きすぎだ。	D	E
8．あなた（お前）は競馬場に行っては金をすっている。	D	E

答え：1. D／2. E／3. D／4. D／5. E／6. E／7. E／8. D

パートC：次に，不安と戦っている人によることばの例を挙げます。

	記述	評価
1．私は外出することを考えると，バカな行動をする。	D	E
2．私にはそれが我慢できない。	D	E
3．私は昨日，外出しようとしてみた。	D	E

52　パート1　価値に基づいた生き方に対する認知的バリアの克服

4．私はドアノブに手をかけて，ノブを回した。	D	E
5．私の心臓は激しく打っていた。	D	E
6．私の呼吸が荒くなった。	D	E
7．すると，私は気が変になった。	D	E
8．私は汗をかいていた。	D	E
9．私は絶望的な気持ちになった。	D	E

　　答え：1．E／2．E／3．D／4．D／5．D／6．D／7．E／8．D／9．E

パートD：次のシナリオは，ある女性が，顧客に対して忍耐ができずに攻撃的になったという理由で解雇されたというものです。彼女は，自分は被害者であると感じ，自分の側の話もきちんと聞いてほしいと思っています。

	記述	評価
1．あのバカな客はそのルールを知っていた。	D	E
2．私は彼にそのルールを伝えた。	D	E
3．私は彼にそのルールを親切に説明した。	D	E
4．彼は私のことをどうでもいい存在であるかのように見た。	D	E
5．私は同じ発言を繰り返した。	D	E
6．彼は私が言っていることを理解しなかった。	D	E
7．彼はマネージャーを呼べと言い出した。	D	E
8．私はこのようなことをされると我慢できない。	D	E
9．だから私は身を乗り出して彼ののど元をつかんだ。	D	E
10．マネージャーが私のその行動を見た。	D	E
11．それでおしまいだった。私は失業した。	D	E

　　答え：1．D，Eの混合：「彼はルールを知っていた」＝D，「彼はバカな客だ」＝E／2．D／3．E／4．E／5．D／6．D／7．D／8．E／9．D／10．D／11．D

パートE：この最後のエクササイズでは，あなた自身の考えのなかの記述と評価を区別してみてください。

1．何も書いていない紙を用意してください。あなたが今現在戦っている状況を考えてください。これから10分間で，それについて書いてみてください。書くにあたって唯一のルールは，その間ずっと休まずに書き続けるということです。言うべきことがなくなってしまったら，すでに書いたことを繰り返してください。書く際に，文法や漢字が正しいかなどを心配する必要はありません。どんどんと休みなく書いていってください。

2．その10分間が終わったら，書いたことを見直してみてください。「記述」に気づいたら，そのたびに，その文の上にDと記してください。「評価」に気づいたら，その都度，その上にはEと書いてください。以下に，1つ例をあげましょう。

私は飛行機に乗ることについて考えるたびに，

　　　　　D　　　　　　　　　　　　E
恐怖を感じる。このように感じるのは，とても我慢できない。

このエクササイズは，あなたが自分の思考に気づくことを助けるでしょう。いったん自分の思考に気づき始めると，自分がどの行動をとるべきか，あなたに代わって思考に選ばせるのではなく，あなたがよりよい立場から自分の行動を選ぶことができるようになるでしょう。

マインドフルネス実践

　マインドフルネス実践は ACT の中心である。それはまた，弁証法的行動療法[83]，うつのマインドフルネス認知療法[115]，マインドフルネス・ストレス低減法[77]など，多くの新しい形態の CBT にとっても中心的なものである。

　ACT や RFT の視点から見て，マインドフルネスはどのように機能するのだろうか。多くのマインドフルネス実践は，次のような反応に対する強化随伴を撤去する。その反応とは，未来や過去のことを過剰に考える（時間のフレームづけ），人がなぜ，ある方法で感じたり考えたりするのかという役に立たない理由づけをする（因果のフレームづけ），そして過度に自己評価する（比較のフレームづけ[46]），といったものである。それに代わって，マインドフルネス実践が強化するのは，未来に備えたり過去に対処したりするために何かしらの認知作業を「行う（doing）」よりも，今，この瞬間に「存在する（being）」ことである。

　私的（内的）体験に焦点を当てたマインドフルネス実践は，人の注意を思考の内容から思考のプロセスへと移行させる（それによって，脱フュージョンが促進される）。たとえば，ACT 実践のひとつに，葉っぱが水面をゆっくり流れていく様子を想像するというものがある。そこでの課題は，どのような思考や感情が現れるかに注目し，それが現れてきたら1つずつを葉っぱに乗せて，それが流れていくのを眺めるというものである[71]。また，クライエントは，葉っぱと川の流れが消えてしまうときにも注目するよう指示される。葉っぱと川の流れが見えなくなるということは，人が思考の内容に吸収されてしまったことを示しているからである。このようなことが起こったときには，クライエントは自分の注意を水の流れへとゆっくりと戻すことになる。

　また，マインドフルネス実践のエクササイズを行わなくても，マインドフルネスを増進させることは可能である。たとえば，クライエントに，話すスピードを落とし，現在の環境（たとえば，セラピールーム）に注目し，

今「この部屋にいる」という思考と感情に注目するように促すとよいだろう。セラピストは，クライエントと共にただ存在し，今まさに起こりつつあるクライエントの体験を理解するよう努める。また，クライエントには，やっかいな思考や感情（それらが効果的な行為へのバリアであると思われるならば）を持ったまま，そこに長く留まるよう促してもよい。そのためのひとつの方法として，クライエントに情動や思考に物質的な形態を与えさせる（それを「モノ化する」）というものがある。たとえば，クライエントに対して，「あなたが話してくれた，その社交不安に何か形があるとしたら，それはどのような形ですか？　その色は何ですか？　その手触りは？」と質問するとよいだろう（エクササイズの詳述は文献 71 参照）。

　セラピーでマインドフルネスの潜在的役割を説明するのに，次のメタファーが役立つかもしれない（イラスト参照）。そのクライエントはレンガ職人，レンガを積み上げて侵入を阻もうとしている水がやっかいな思考や感情を表しているとしよう。レンガ職人は，水が，今この瞬間へと溢れ流れてくる前に，急いでレンガの壁を積み上げようとしている。スピードが何より肝心である。クライエントが早口に話し「心ここにあらず」といったような状態の場合，セラピストとして私たちは，そのクライエントが「レンガ積みモード」になっていることが多いことに気づく。クライエントは，ここではなく他のどこか，おそらく自分が生み出した物語の内側にいるかのように見えるのである。

　マインドフルネス実践がクライエントに役立つのは，レンガ（言葉）とレンガ積み（言語プロセス）の違いにしだいに気づくようになることであ

る。また，マインドフルネス実践は，十分に長い間，クライエントのスピードを落とさせるので，水（たとえば，情動）がクライエントに溢れかかっていくことになる。それによってセラピストとクライエントは共に，「水」を必死になって回避する代わりに，「水」と触れられるようになるのである。

脱フュージョンに加えて，マインドフルネス介入は，ACTに関連した2つの他のプロセスも促進する。1つは，何であれ私的な体験が現れたならば，その体験に対して，そのまま触れていられるようにするため「アクセプタンス」を促進するというものである。もうひとつは「文脈としての自己」の促進である。ここでクライエントは，自分自身の「観察者としての自己」と接触する。それは，自分の体験の流れを観察し，それと接触しながらも，その体験と同じになったりしない，それに「固着」したりしない自己のことである（「文脈としての自己」「観察者としての自己」については，第4章でより詳細に論じる）。

他の脱フュージョン技法

多くのクライエントは，自分の物語を信じてセラピーを訪れる。「私は犠牲者になる運命なのです」「私がよくなったら，私を犠牲にした者たちが自分の行いの償いをせずに，まんまと逃げ通せたかのようになる」といったようにである。あるいは，「自分はどこか壊れていて，成功する能力がない」と信じていることがある。

自分の人生についての物語の形成が非常に説得力のあるものであることは，私たちの誰もが感じるところである。物語は，やっかいな過去に意味を与え，現在の非機能的な行動（たとえば，リスクを冒さないこと）を正当化してくれる。人生をより予測可能で安全なものに思わせてくれる。「現実」よりも喜ばしいものとなりうることも多い（たとえば，「私は，長期にわたって苦しんでいる高貴な犠牲者である。私を犠牲にした者たちを，他ならぬ私自身の存在によって，罰しているのである」）。多くの人は，静

かに自分を駆りたてている「物語」に気づいてさえいない。ここで重要なのは，自分の物語を，「真実」としてではなく，「物語」として自覚するよう促すことである。

よく使用される脱フュージョンの技法には，次のようなものがある。クライエントに，自分が絶えず作り続けている物語に注意を向けさせ，その物語を信じることにメリットがあるかどうかを質問する，というものである。また，同じ過去の出来事に基づいて，別の人生物語をクライエントに考えてもらうことで，今までの物語への固執を解くように促してもよいだろう。混乱（整合性のある物語の反対なもの）と共にそのままでいられるように促してもよいだろう。たとえば，クライエントが「私は混乱しています」と言ったときには，「その混乱は悪いことではありません。今，私たちはどこかへ向かおうとしている，ということだからです」と言ってもよいだろう。

脱フュージョンの技法には，次のようなものもある。それは「いつもの話し方ではない」話し方でしゃべってみる，というものである。たとえば，やっかいな思考をできるだけゆっくり話す，あるいはできるだけ速く話す，またはヘンな声で話す，などである。このように話し方を変えてみることによって，一般的な字義どおりのルールを壊し，言語の見かけの力を弱め，ことばを「ことばの連なりそのもの（浮かんでは消える音の連なり）」として体験するように促すのである。

注意：脱フュージョンは，クライエントを否定するようなスタンスで実施されてしまう危険性がある。

脱フュージョン・エクササイズを行う際には，セラピストがクライエントの思考や感情を軽くあしらわないことが非常に重要である。セラピストが脱フュージョン方略を用いてあまりにすぐに自動的に反応すると，クライエントにしてみれば，セラピストは真剣でない，さもなければクライエントのことを否定したかのように受け取られかねない。場合によっては，治療関係が損なわれるおそれがあり，クライエントは脱フュージョン方略に抵抗し始めるかもしれない。ここで決定的に重要なのは，セラピストが

「自分は，クライエントのことを本当に理解している」ということを示すことである。セラピストはまた，人は誰でもときどき，ことばの牢獄にとらわれてしまうことがある，ということを強調すべきだろう。誰もが行き詰まる。牢獄というのはつらい場所である。あなたはこれまでそこにいたし，私たちは誰もが，そこにいたことがある。それが人間なのである。しかし，私たちは「ことばの罠」を逃れるための方略を学び，自分がもっとも愛し，価値づけするものへ向かって進み始めることができるのである。

ここで取り上げた内容のまとめとして，表2.1では，フュージョンと脱フュージョンを支える文脈のタイプを対比して説明している（より徹底した議論については，文献12を参照）。

結　論

関係フレーム理論（RFT）を用いることで，ACTとCBTで使用される介入を簡潔に理解することができる。この理論は，信念や自己評価などのことばが，いかにして行動に対して強力に制御する役割を担うものになりうるのかを具体的に説明しているのである。

RFTによれば，ことばそれ自体が行動を制御するわけではない。何が起こるかを決定するのは，むしろ文脈である。文脈によっては，ことばが価値と一致しない行動を引き出すことがある。その一方で，その同じことばが何の行動も引き出さない，あるいは価値と一致する行動を引き出す可能性さえある。本章では，ことばに多くの力を与える文脈と，ことばの力を弱める文脈を説明した。最後に，行動の効果的なバリアとして作用することばの能力を弱めるよう意図した技法についてもいくつか紹介した。

本章の鍵となる重要な仮説は，クライエントにポジティブな変化を起こすために，思考の内容や頻度を変容する必要はないというものである。クライエントが思考を自覚するようになり，思考が浮かんでは消えていくことを観察するようになるだけで，思考の影響力は弱められることがある。思考に挑戦し，より機能的になるように思考を再構成する必要がないケー

表2.1：フュージョンと脱フュージョンを支える文脈

フュージョンを支える文脈	脱フュージョンを支える文脈
思考の内容に焦点を当てる クライエントにとって，それが何を意味するかを質問する。 信念の正確さを評価する。 評価や比較を促す。 エビデンス（事実）に焦点を当てる。	思考のプロセスに焦点を当てる マインドフルネス訓練（クライエントが言語プロセスに巻き込まれるのではなく，今まさに生じている言語プロセスを観察できるようにする）。 クライエントが特定の思考や感情が発生するときに，それを見るように支援するエクササイズ。
形式的な刺激と恣意的な刺激を意図的に混ぜ合わせる 起こった出来事を「モノ」として記述するというメタファーの使用を強化する。 （例：「その侮辱は明らかにあなたを傷つけました」，「お父さんの言語的な虐待が，あなたにダメージを与えました」） 私的体験が物質的なバリアや物質的な危険物であるかのように表現することを強化する。 （例：「あなたの低い自尊心があなたを阻んでいる壁なのです」，「あなたのひどい落ち込みは，うつという病気なのです」）	形式的な刺激と恣意的な刺激を区別する クライエントが直接的な体験から発生する刺激と，言語的プロセスから発生する刺激の対比を体験的に知るように支援する。
解釈／理由づけを強化する 行為の基盤あるいは嫌悪的な感情を減らす方法として，推論や解釈を促す。 思考や感情が行為を説明するという概念を強化する。 よくなるためには，クライエントは過去がどのようであったかを探っていかなければならないことを示唆する。	問題のある解釈／理由づけを弱める 自己についての物語を理由づけに用いたり，それを作り出したりすることの有用性を検証する。 混乱を解決するのではなく，それと一緒にそのままでいる。 混乱や矛盾を生じさせるような技法を活用する。
一般的な話し方のパターンを促進する いつもの話し方のスピードと頻度を使う。 繰り返しを避ける。 一般的な話し方を活用する。	一般的な話し方のパターンを崩す 非常に速く，あるいは非常に遅く話す，またはやっかいな思考を繰り返して話す。 やっかいな思考をヘンな声で言う。 いつもの話し方の順序やつながりを壊す。

スも多いのである。また，役に立たない自動思考の頻度を低めることも必要ではないこともある。人は，役に立たない思考を抱きつつ，同時に効果的に行動することができる。

　本章では，ACTの中で主に用いられる技法を示した（CBTで使用されるものもいくつか紹介したが）。次章では，伝統的CBTの実践家によって主に使用される技法を紹介することにする。そして，RFTを活用して，どのようなときに，それらの技法が有効となる可能性が最も高いかということも見ていくことにしよう。

第3章

伝統的なCBT技法をより強力なものにする

> 善いもの，悪いもの，そういったものが存在しているわけではない。それは私たちの考えにすぎないのだ。
> ——William Shakespeare（ウィリアム・シェイクスピア）
> "Hamlet"（『ハムレット』）

　CBTを学ぶとき，多くの人は，ある技法を特定の方法で（おそらく，マニュアルに従って）用いるよう教えられる。たとえば，セラピストは最初に，手続きの理論的根拠をクライエントに示す。それからセラピストとクライエントは，問題となっている状況下でクライエントが持つ思考を同定するために，何らかの方略（下向き矢印法など）に取り組む。次に，クライエントを自己批判的な思考からより有用な思考へと移行させるために，認知的挑戦（cognitive challenging）を用いる。最後に，セラピストは，セッション中に示された概念を強化するために，ホームワークを課してセッションを終える。

　私たちの多くはCBTを学ぶにつれて，次々と多くの技法を習得してきた。自動思考，媒介信念，中核信念を同定し，それらに挑戦するための新しい技法を学ぶ。動機づけ面接法，メタ認知的挑戦，漸進的筋弛緩法，自己強化方略，横隔膜呼吸法，ガイドつきイメージ法，眼球運動による脱感作（eye-movement desensitization：EMD），問題解決療法，リフレー

ミング，ストレス免疫法を学ぶ。こんなにたくさんの技法を知ったところで，いったい，それら全部を使うことなどできるのだろうか。

　では，どのようにしてベストな技法を選択したらよいのだろうか。セラピストによっては，安心して用いることができるからという理由で，数個の技法に落ち着くかもしれない。また，いくつかの技法に飽きてその技法を用いるのをやめ，より刺激的な技法を求めるかもしれない。危険なのは，セラピストが恣意的な理由で技法を選んでしまう可能性があることである。つまり，必ずしもクライエントにとって最も利益があるものを選択していないということが生じかねないのである。

　本章は，セラピストが自らの用いる技法を振り返り，ほとんど用いない技法に目を向けるとともに，どの技法が最も有益となる可能性が高いのか，ということを理解するのに役立つだろう。特に，次の2つのことを探究していく。

■　CBT方略が意図している機能について，より自覚的になる。これは，多彩な方略の整合性を保ちながら，柔軟に用いていくのに役に立つ。機能に焦点を当てれば，あるやり方（形式）にとらわれて固定的に使用することもない。そして，治療マニュアルがクライエントのニーズに合わない場合は，無理にマニュアル通りに実施することもなくなる。

■　CBTの方略を学習の基本的な行動原理と，言語の行動理論である関係フレーム理論（RFT）に結びつける。このように基礎研究に結びつけることは，実証的で，かつ効果的であるとされる方略を選択するのに役立つだろう。

認知変容方略を理解する

　前章では，行動に影響を与える思考の力を変容させる介入（機能に対する介入）に焦点を当てた。本章では，思考の形態，頻度，状況に対する感

受性を変容させるように意図された介入（〈意味〉関係に対する介入）に焦点を当てる。

- 形態を変容させる介入は，「私には価値がない」から，「私には価値がある」へ変えるようなものである。
- 頻度を変容させる介入には，「私には価値がない」という思考を抱くことを少なくし，「私は価値のないことをすることもあるが，私を価値のない人間にできるものなど何もない」という機能的な思考の頻度を増やすものである。
- 状況に対する感受性を変容させる介入には，ある特定の状況が「私には価値がない」という思考を生起させる程度を変容させるものである。

　形態が変容することで，ものごとの関係づけられ方が変わる（たとえば，「私＝価値がない」を「私＝価値がないわけではない」という関係づけに変える）。頻度あるいは状況に対する感受性を変えることで，そもそも，ものごとが関係づけられる確率が変わる（たとえば，「私」が「ダメだ」に関係づけられる可能性が変わる）。

　関係づけに対する介入は，CBTでは一般的によく見られるが，ACTでは一般的に使用されない。これからしばらくの間，これらの介入が持っている問題点について詳細に検討していくことにする。しかし，さしあたり今ここで強調しておきたい重要なことは，「関係に対する介入は常に悪い」あるいは「関係に対する介入は常に良い」と示唆するものは，ACTのなかにも，またRFTのなかにもまったく見当たらない，ということである。

認知的挑戦を別の見方でとらえる

　認知的挑戦は，数多くある認知再構成介入のひとつである。また，新し

い構造を教えるもの（心理教育など），既存の構造を再検討するものなどがある。この2つについては，本章の後半で取り上げる。しかし，その前にまず，RFTを用いて，いくつかの認知的挑戦に伴って欠点になりうる点を検討する。

引き算ではなく足し算で考える

　自分の役に立たない思考に対して「挑戦して追い払う」ことは，実際に可能なのだろうか。第2章で触れたように，言語的関係づけというのは強化によって確立されるタイプの行動であることを思い出してほしい。ということは，私たちがここで本当に問うているのは，私たちははたして学習された自分の行動的反応を減らしたり，取り除いたりできるのか，ということとなる。

　消去手続きは，学習された反応を除去，あるいは少なくとも低減させているように見えることがある。たとえば，かんしゃくを起こすことに対して，子どもがもはや強化を受けなくなれば，その行動頻度が下がっていくだろう。

　しかし，適正な条件下では，消去された行動はたちまち再出現することが，研究によって示唆されている。消去の間に存在していた文脈的手がかりが変容してしまい，消去したはずの反応が再び生起するようになるとき，**更新効果**（renewal effect）が生じる[14,90,91]。たとえば，社交不安はセラピールームでは消去されるかもしれないが，クライエントがその部屋を出て，見知らぬ人とやり取りすると，再びそれが再燃してくることがある。**復元効果**（reinstatement effect）とは，クライエントが無条件刺激（レスポンデント条件づけ）に再度曝露されたときや，オペラント条件づけの消去後に強化子が示されたときに，消去された刺激への反応が再び生起することである[14,38]。たとえば，セラピストは，他人に過度に依存するクライエントと関わることがある。そのクライエントを支援するために，セラピストは，セラピーに来るための交通手段の手配をクライエントがセラピ

ストに依頼するなどの，依存に関係したあらゆる行動の強化を回避するだろう。その結果，依存行動は消去されるかもしれない。しかし，依存が強化される環境（たとえば，クライエントの両親の家）にクライエントが戻ると，その行動はたちまち再燃しかねないのである。

　このような知見は，関係フレームと関連している。たとえば，ある人が自分の「自己（self）」を「私は愛されない」といったネガティブな評価と関係づけるよう教えられてきた場合，このような行動を消去するのは極めて困難なことが予想される。セラピストとして，私たちは，たとえば「そのような思考には何の根拠もありません」と述べて，このような関係フレームづけを阻止するだろう。それによりこのような思考の頻度を下げることができる場合もある。しかし，消去に関する研究知見によれば，このような思考が本当に消失したわけではなく，再び出現する可能性があることが示唆されている。

　また，関係づけ行動には，それ自体が強化的であり，それゆえに消去が難しい側面がいくつかある。たとえば，整合性と解釈は本質的に強化的なものとなる[59,62]。そのため，人は「私はいつも犠牲者だ」といった，自分自身についての整合性のある物語に（たとえ，そのような物語を信じたところで何の役にも立たないときでさえ）しがみついてしまうのである。

　RFTの見方から考えると，非機能的な思考（あるいは関係づけ行動）に認知的に挑戦しようとする試みとは，それらの思考を，弱化（罰）される，強化されない（消去）という文脈に，置こうとすることである。挑戦することによって，非機能的な思考に関係した学習体験が加えられることになる。たとえば，ステイシーはしばしば自分自身に向かって「私は愛されない」と言い，彼女はそれを信じているとしよう。CBTセラピストは，彼女の信念について論駁するような根拠——たとえば，彼女が人に愛されたことがあったという事実——を彼女が発見できるように，ステイシーを優しく導くだろう。次第に，ステイシーは，その信念が正確ではないことに気づくようになるかもしれない。こうして，正確でありたい，セラピストを喜ばせたいというステイシーの願望が，「私は愛されない」と声に出

して発言する頻度を下げる文脈になることがある。またそれによって，彼女がそのように自分自身に言う頻度さえも下げることがある。CBTの実践家は，このようなプロセスを自動思考の頻度が低減したと説明するかもしれない。しかし，虐待的な関係などの彼女の信念に合致しているような文脈では，ステイシーの「私は愛されない」という反応が再び出現するかもしれないのである。

しばしば，セラピストとクライエントは，非機能的な思考に挑戦した後に，新たな機能的な信念を生み出すためにいっしょにワークを行う。たとえば，ステイシーは，「私は愛されないことをするかもしれない，でもまったく愛されないと評価されることも決してないだろう」と考えるように教えられる[8,42,89]。この方略が成功したという場合，それは，文脈によってはステイシーが機能的な思考——つまり，彼女はまったく愛されないと評価されることは決してない——を信じるようになることもある，ということにすぎないのである。他の文脈では，昔からの信念（「私は愛されない」）が「再燃」し，彼女が愛情のある健全な関係を求めることを阻止する役割を果たしてしまうことになるかもしれない。たとえば，ステイシーには虐待的な関係を持った履歴があり，彼女がそのような関係に再び陥ってしまった場合，彼女のネガティブな信念は再燃する可能性がある。

認知的挑戦によって役に立たない思考の重要性が高まってしまうことがある

前節から示唆されるのは，認知的挑戦がうまく機能することもあり，少なくとも短期的にはその可能性があるものの，それによって学習された関係が除去されるわけではない，ということである。また，実際には，認知的挑戦によって，状態が悪化してしまうことも多い。

第一に，認知的挑戦によって，人は不合理な思考を抑制するようになることがある。しかし，研究が示唆するところによれば，思考を抑制すると，皮肉にもその思考の頻度が増大してしまうことがある[131]。思考抑制にま

第3章 伝統的なCBT技法をより強力なものにする　67

つわる問題点は，ある特定の思考を回避するためには，当該の思考を含むようなルールを作らなければならない，ということだ[62]。たとえば，「『自分は愛されない』と考えてはいけない」というルールを考えてみよう。このルールは，その中に「自分は愛されない」という部分を含んでいる。そのため，そのことを回避するために，それについて考えなければならなくなる。また，「私は愛されない」という思考の出現をモニターする必要があり，このプロセスによって，その思考の重要性がますます増大してしまうことになるのである。

　第二に，挑戦するというプロセスによって，関係のネットワークが複雑に入り込んだものとなり，刺激機能をますます役に立たないかたちで変換させてしまうことがある[62]。たとえば，ステイシーに「私は愛されない」という思考を支持する根拠に目を向けるよう促したために，実際には彼女は，「愛されない」という思考を，以前の記憶や新しい体験と共にフレーム化されてしまうかもしれない。個々の体験が「私は愛されない」ことを支持するのか，それとも否定するのかを確かめるためには，それぞれの体験に目を向ける必要がある。たとえば，ステイシーは，職場で自分が人から拒絶されるという体験を警戒するかもしれない。この「警戒する」ということにより，中立的な社会的相互作用が，拒絶の評価と共にフレーム化され，社会的相互作用に対する彼女の見方を変容させる機会を増やすのである。日々の生活で生じるネガティブな思考に挑戦しようと試みると，本質的に，ますます多くの中立的環境がそのネガティブな思考と関係づけられることになってしまう。

　第三に，認知的挑戦は，思考が行動の原因となるという関係性を暗に意味する。仮にその思考が重要ではなく，それが何かを妨害しているのでないとしたら，いったい他にどのような理由で，その思考に挑戦しなければならないのだろうか。そうなると，人は，正しい思考を持っていなければ，本当は何かを行うことができない，と信じてしまう。たとえば，ステイシーの場合，「私は愛されない」という思考が完全になくなるまで，自分はデートができないと感じてしまうかもしれない。

第四に，RFT の視点からすると，この挑戦は，役に立たない思考という問題となる言語プロセスを変容するために言語を使用することを強化し，それによって「字義どおり（literality）という文脈」が強化されてしまう。すると，人は自分の思考をますます深刻に受け止めるようになる。ことばがモノのようになってしまい，それ自体が危険だったり，価値づけされた生き方に対するバリアとして実際に妨害したりするものであるように受け止めてしまうことになる。ステイシーが役に立たない思考（「私は愛されない」）への挑戦に成功した場合，彼女はその体験を強化的に感じるだろう（成功の体験は概して強化的である）。そして，次にその思考に遭遇したとき，彼女が「認知的挑戦」行動を行う可能性はさらに高まるだろう。こうして，その思考は，認知的な行動にますます大きな影響力を持つようになるのである。そして，彼女は，その思考に対して，文脈的に位置づけられた言語プロセスとしてではなく，むしろ修正されるべき問題として対応する可能性がさらに高くなるだろう[62]。

　ACT は通常，個々の思考に挑戦しようとはしない。その代わり「言語マシーン」全体を徐々に弱めていこうとする。ACT が支援するのは，クライエントが言語と非言語とを区別するようになること，そして理由づけと体験とを区別するようになることである。たとえば，ACT はステイシーに，言語のプロセスが今まさに生じているときにはそれに着目し，体験が今まさに起こっているときには体験とマインドフルに接触するように教える。彼女は，自分自身の思考（たとえば，「私は愛されない」）から生じる刺激と，体験（たとえば，テーブルを挟んで向かい側にいる男性とのやりとり）から生じる刺激との間の相違に着目するようになるだろう。次のイラストは，ACT のゴールを比喩的に表している。そのゴールとは，言語あるいは評価の「雲」の外に出ることである。ACT では通常，評価の雲を変容させようとはしない。むしろクライエントに雲と密接に接触するよう促すとともに，その体験に直に触れるために，雲の「周りから覗き見る」ように促すのである。しかし，このように「非言語」を強調しながらも，なおも ACT は，本章で後に見ていくように，多くの認知的構成化も

実施する。

　以上2つの節は認知的挑戦に対して批判的であった。しかし，ここで強調しておかなくてはならないことがある。認知的挑戦が本質的に悪いわけでも，良いわけでもない，ということである。すべては文脈次第なのである。明らかに，人の考え方に挑戦することでうまくいくことがある。たとえば，宗教は，信念体系全体を抜本的かつ急速に変容することができる。テレビの広告は，ある特定の製品が「良い」ものであると思わせることができる。教育は，人がエビデンスに基づいて推論する力を伸ばし，不正確な信念（たとえば，地球は平らである）を取り除くことができるようになることを促す。以上のように，認知的挑戦を用いて，有効な方法で，人のマインドを変容させることは可能なのである。

認知的挑戦が最も効果的になるのはどのようなときか

　RFT の観点では，言語的に考えることも「行動」としてとらえる。したがって，言語化は，先件事象（引き金となる事象）と結果（強化履歴）によってコントロールされることになる。認知的挑戦とは，役に立たない言語的事象（たとえば，「私は価値がない」という思考）を低減または排除する試みとして，あるいは有用な言語的事象（「私は価値のないこともするが，全面的に価値がないということでは決してない」）を増大させる試みとして，もしくはその両方としてとらえることができる。

　一般的な挑戦的介入では，クライエントは，ある思考を支持する根拠を収集する，あるいはそれに反駁する根拠を収集するように支援される。その思考が不合理であったり，過度に一般化されていたりしたら，それに反

駁する根拠がより重要視されることになる。その場合，クライエントはおそらく，その思考は不正確であると理解し，より正確な思考を発展させようとするだろう。この種の介入は，クライエントが主として正確さによって動機づけられる，ということを仮定している（つまり，クライエントは，思考が根拠と一貫しているときには強化されると感じ，思考が根拠と一貫していないときには強化されなかったと感じる，あるいは弱化〔罰〕されたと感じる，ということである）。

　しかし，人というのは，正確でありたいという以外の理由から，何かを信じるようになる場合もある。「私は十分でない」という思考を取り上げてみよう。人によっては，率直に考えて，自分は何かをするのに十分に優れているとはいえないという理由から，そのように信じる人もいるだろう。この信念は，その人の行動を効果的に導くのに役立つ場合がある（たとえば，「私は水泳選手としてオリンピックに出られるほどうまくはないから，1年間まるまるトレーニングに費やすなどということをするつもりはない」）。また，苦悩を回避するために，この信念を信じるという人もいるかもしれない（「私は，人と関係を持てるほど良い人間ではないので，そのようなリスクを冒す必要はない」）。さらに，それが社会的な承認を引き出すからという理由で，その信念を信じる人もいるかもしれない（「私が自分はダメだと言うと，私がどれほど素晴らしいか，ということを誰もが私に言ってくれる」）。その他，それが誰かを非難することになるからという理由で，その信念を信じているような人もいる（「あなたが，私を犠牲者にし，ダメにしてしまった。私が欠陥品である限り，あなたはその恥辱を抱えて生きなければならない」）。最後に，そう信じると自分の人生を解釈できるから，という人もいるかもしれない（「私はこれまで，ずっとダメな人間だった。私がこんなふうに振る舞うのも，私がダメだからなのだ」）。

　次のエクササイズでは，さまざまな思考の機能について考える実践的な練習を紹介する。ぜひ，さまざまなクライエントと，さまざまな文脈において，このエクササイズを試していただきたい。このエクササイズは，思

考を「自分の頭の中のモノ」として扱うことから，思考を「強化の獲得や弱化（罰）の回避のためにしばしば行われる一種の過渡的な行動」として扱うことへと移行するのに役立つだろう。

実践家のためのエクササイズ
非機能的信念が持っている機能を同定する

このエクササイズは，クライエントの役に立たない思考に対する新しい見方を提供する。思考を「強化の獲得や弱化（罰）の回避のために行われる一種の行動」として考えるのに役立つだろう。

あなたのクライエントが効果的な行動を生起させるのを阻んでいるバリアの働きをしていると考えられる，思考，自己評価，または人生の物語を書きとめなさい。

次に，その思考を信じる動機を評定しなさい。

思考を信じる動機 0＝この理由によって動機づけられてはいない 4＝この理由によって強く動機づけられている					
正確さ：クライエントは，その思考が，正確に「現実」を反映しており，自分が効果的に振る舞うのに役立つと考えているため，その思考を信じている。	0	1	2	3	4
社会的強化を獲得する：クライエントは，その思考が社会的承認や社会的支援を引き出すのに役に立つので，その思考を信じている。	0	1	2	3	4
体験の回避：クライエントは，その思考が，苦悩をもたらす状況に踏み込まないことを正当化してくれるか，あるいは少なくとも短期的にはそれによって気分が良くなると感じることができるので，その思考を信じている。	0	1	2	3	4
他人を罰する：クライエントは，その思考が別の誰かを罰したり，非難したりすることになると考えているので，その思考を信じている。	0	1	2	3	4
整合性：クライエントは，その思考が自分の体験や自分に起きたことに意味を与えてくれるので，その思考を信じている。	0	1	2	3	4
その思考を信じる他の理由：	0	1	2	3	4

私たちは，クライエントの信念が「正確さ」に関連した強化によって確立し，維持されているとき——つまり，それが根拠と一致しているように思われるからという理由でクライエントがある思考を信じているとき——認知的挑戦は最も効果的なものとなる可能性が高いと仮説を立てている。一方，整合性のあるストーリーを形成することや，苦悩を回避することによる強化など，クライエントの信念が他の種類の強化によって確立され，維持されている場合には，認知的挑戦が効果的なものとなる可能性はより低くなる。

これを，メタファーを使って説明しよう。たとえば，ネズミはチーズを得るために，ある特定の通路を走るとしたら，そのチーズを除去すれば，ネズミがその通路を選ぶ可能性は減るだろう。しかし，そのネズミがその通路を走るのはそもそもネコから逃げるためだとしたら，チーズを除去してもおそらく何の影響もないだろう。その場合には，ネコを取り除く必要があるの。信念についても同様である。つまり，不正確さ（「チーズ」）が信念を強化しているものでないのなら，それを撤去したところで，何の効果もないのである。

ACT-CBT の統合モデルのなかで認知的構成法を活用する

では次に，伝統的な CBT に起源を持つものの，典型的な ACT の技法と整合性のある形で活用できるように変容された技法のいくつかを紹介する。あなたが既に CBT の実践家であるならば，その統合の重要なポイントは，新しい技法を一から学ぶことではない。統合によって，自分が既に知っている技法をより柔軟に用いることができるようになることである。あなたは，それらの技法を，伝統的な方法で——人を不安にさせる感情や思考を減らすために——使用することができる。統合モデルと整合性を持った方法で——つまり柔軟で価値と適合する生き方を促進するために——使うこともできる。以下の節では，統合モデルの中で，新しい構造を最大限うまく教える方法（心理教育），あるいは，既存の構造に磨きをかける

方法を検討していくことにする。

ABC モデルを活用してセラピーを構造化する

苦悩と非機能的行動の ABC モデルは，伝統的な CBT で一般的に使用されており，セラピーに一貫性と構造を与えるのに役立つ[9,42]。ABC モデルでは，次のことを同定するよう教えられる。つまり，賦活事象（activating event：A），賦活事象に関連する非機能的な信念（belief：B），A と B に対する情動的，行動的な結果（consequence：C）である（後の ABC ワークシートを参照）。たとえば，次のように，このモデルは使用される。同僚があなたを侮辱する（A），あなたは，彼がそのようにあなたを見下す態度をとるのを許してはならないと信じている（B），結果として，次にあなたが彼に会ったとき，あなたは怒りを感じて彼を殴ってしまう（C）。

クライエントはしばしば，C を引き起こす原因となったのは賦活事象（A）それ自体である（たとえば，「彼が私を侮辱したので，私は彼を殴らなければならなかった」）と信じている。しかし，ABC モデルが強調するのは「そこには選択の余地がある」ということである。なぜなら，人の反応（C）は，賦活事象（A）が生起したときに，その人が信じていること（B）によって違ってくるからである。その人が，何か非機能的なものを信じている場合には，結果として非機能的な行動が生じることが多い。CBT の臨床家は，論理的か，実証的か，機能的かの論駁（disputing：D）によって，非機能的な B を扱うことを試みる[8,9]。ひとたび非機能的な B の論駁（D）に成功してしまえば，臨床家はクライエントが有効な（effective：E）新しい哲学や信念を育んでいくことを支援できるようになる。

ACT-CBT 統合は，この ABCDE の構造をいくぶん新しい方法で活用しようとするものである。第一に，前節で説明された問題のいくつか（たとえば，役に立たない思考をより重要なものにしてしまうこと）を回避す

るために，実証的で，論理的な論駁は最小限にとどめられる。その代わりに，Dは「脱フュージョンする（defusing）」，つまり，思考の力を弱めるということになる。第二に，Bはもはや「信念」とは呼ばれなくなる。その代わりに，思考は「信じることができるもの」と説明される。変化させる必要のある固定された信念ではなく，あなたが信じることも，信じないこともできるものとなるのである。ここで役立つメタファーを1つ，紹介しよう。マインドのことを，あなたに思考を売ろう（思考を信じさせよう）としているセールスマンだと考えるのである。あなたが思考それ自体に気づいている限り，あなたは思考を「買う」かどうか選択できる。

第三に，Cは非機能的な情動的体験（CBTでの典型的なC）ではなく，起こりうる非機能的な行動に焦点を当てる。これは，感情をコントロールしようとするという役に立たない試みを最少限にとどめるために行われる。この話題については第6章で詳細に論じる。最終的に，Eはもはや有効な新しい信念と哲学ではなくなり，有効な新しい存在の仕方（第7章で述べる）となる。ABCのワークシートの究極的なゴールは，思考を変えることではない。外的な行動を変えることなのである。

以下に提示する実践家のためのABCワークシートのガイドは，ABCワークシートの各ポイントで注意しなければならない反応を示したものである。このABCワークシートをセッション中に用いて，クライエントが自分の思考過程や行動を新しい目でとらえられるように支援してもよいだろう。どのセクションもクライエントと共同で行うのが最もよい。一般に，このワークシートは，セラピー・セッションを単なる知的作業に還元してしまったり，没個性化するために使用されたりするべきではない。これは「問題解決」の方法ではない。むしろ，セラピストであるあなたとクライエントの両方が，自分の体験や自分の価値づけているものと，より緊密に接触することを支援するための方法である。これは，セラピストであるあなたとクライエントが，思考を「思考そのもの」（音の流れ）として体験するための方法であり，思考を「思考内容」（信じなければならないこと）として体験するための方法ではない。

実践家のためのガイド
クライエントと一緒に ABC ワークシートを使う

　ABC ワークシートをクライエントに用いる場合には，このガイドを使用するとよい。

A：賦活事象（activating event）
　あなたの人生における困難な状況に注目してください。A というのは，過去の出来事かもしれませんし，あるいは現在の出来事，もしくは未来の出来事かもしれません。内的なもの，外的なもの，また，現実のもの，想像上のもの，どちらでもありえます。それでは，あなたが戦っている状況を，与えられたスペースに簡潔に書いてください。なるべく具体的に書いてください。

例：「私は，自分の息子にとって良き母でありたいと思っているのです。でも，私は家から離れられません。私はパニック発作と戦ってきました。具体的に，どんな状況かというと，たとえば昨日，息子が，公園に連れて行って，とせがみました。『お母さんは，今日は疲れちゃったから，また別の日にね』とウソをついたのです。ほんとは，息子を連れて行きたかったのに……」

B：信じることができる思考（believable thoughts）
　A の状況で浮かんでくる，あなたのやっかいな思考について書いてください（以下に，いくつか例を挙げます）。

独断的要求（実際には必要ないのに「～しなければならない」，「～すべきである，～のはずだ」，「必要である」）

「私は，誰かの承認を必要としている」「私は，つねに自分をちゃんとコントロールしておく必要がある」「家を出るのは簡単なはずだ」

自己，他者，人生に対する包括的な評価
「私は悪い母親だ」「あなたはいまいましい人」「人生は絶望的だ」「私はダメだ」

苦悩に対する低い耐性
「私は外出に耐えられない」
「私は不安に耐えられない」

ものごとを悪く考える
「私が外出すると，何かとても恐ろしいことが起きてしまうのではないか」

推論（例：過度の一般化，全か無かの思考，良いことを最小化する／悪いことを強調する，運命を信じる）
「私は今年，喪失しか体験しなかった」「あの人たちは私のことを好きにならないだろう」「私はいつだって落ちこぼれだ」「私は成功するか，失敗するかのどちらかだ」

反すうと心配についての役に立たない信念
「心配していれば，確信のなさを取り除くことができる」「自分の心配をコントロールしないと，何かひどいことが起こるだろう。私は正気を失ってしまうだろう」

C：思考を信じることの結果（consequences of believing the thought）

今書いた信じることができるBの中から1つ選んでください。それでは，もしあなたがその思考を信じたら，どのような行動をとるでしょうか。以下に書いてください。

例：私は「自分は外出に耐えられない」という思考を信じている。私は外出もしないし，息子と遊びもしない。息子がテレビを見ていて，私は薬を飲んでベッドに横たわる。

C：思考を信じないことの結果（consequences of not believing the thought）

あなたがその思考を信じないとしたら，あなたはどのような行動をとるでしょうか。

例：私は「自分は外出に耐えられない」という思考を抱き，その思考も一緒に連れて，息子を公園に連れて行く。私はずっと不安なまま，その思考を抱き続けている。でも息子が外で遊んでいるので幸せだ。

D：脱フュージョンのエクササイズ（defusing exercises）

脱フュージョンでは，思考や感情を，それらが自ら主張する姿（危険や事実）としてではなく，ありのままの存在（言葉の流れ，行き過ぎていく身体感覚）としてとらえます。

■ あなたが自分の私的体験（情動，思考，記憶，イメージ）と戦っているところを思い浮かべてください。そして，私的体験をコントロールすることに関する自分の「ルール」（例：「ポジティブに考えろ」「心配するな」）にも注目してください。自分の体験に照らし合わせ，そのルールが役に立っているのかどうか確認してください。

■ 役に立たない思考に注目してください。その思考をゆっくりと口に出して言ってください。それから，それを書きとめてください。そして，そ

れをおかしな声で読んでみてください。

- このワークシートのA，B，Cの空欄をすべて埋めてください。

- 役に立たない思考と情動に名前をつけてみてください（例：「評価」，「予測」，「感情」，「身体感覚」，「正当化」，「記憶」）。

- 頭の中で過去や未来にはまり込み，身動きできなくなっているときとは対照的に「今この瞬間に存在している」ということにうまく気づけるように，マインドフルネスを実践してください。①瞑想，ヨガ，呼吸エクササイズを行いましょう。②毎日，少なくとも1つの活動（例：食事をする）をマインドフルに行ってみてください。

- あなたの思考，感情，自己評価について，今までとは異なるとらえ方ができるように，メタファーを活用してみてください。

- 不運や逆境に直面したときには「立ち止まり，一歩引いて，それを観察する」ということを実践してみてください（あなたは，何を感じ，何を考えていますか。他の人はどのように行動していますか）。

E：有効な新しい「存在の」仕方（effective new ways of being）

- 価値を置く方向性を明確にしてみてください。価値というのは，北極星のようなものです。あなたの旅路を導くガイドとして，それを活用するとよいでしょう。ただし，決してそれに到達することはできないものです。

- あなたにとって価値があるものを見つけ出すために，直接的な体験に目を向けください。あなたのマインドが価値づける「べきだ」と言うものを鵜呑みにしてはいけません。

- 価値づけされた活動に携わるときには，やっかいな思考や感情を進んで抱えるようにしてください。自ら進んでバリアを「吸い込み」，前へ進み続けてください。

- 具体的で現実的なゴールを設定してください。それは，あなたが価値づけされた方向に動いているかどうかを教えてくれます。

- 人と関わる場面で，価値と適合した方法で行動してください。怒っているときや不安なときであっても，原理に沿った行動の仕方ができるようになりましょう。

- 自分の価値のためには，社会的リスクを負うことをいとわないでください（例：親密性，友情，愛などを育むために，自分自身をさらけ出す）。

- 活き活きとした生き方をしていても，常にポジティブな感情でいられるわけではないことを認識してください。活き活きとした生き方にも，ときとして退屈，苦悩，吐き気，痛み，拒絶が伴うことがあります。進んでバリアを「吸い込み」，価値づけされた道の上を進んでいってください。

クライエント・ワークシート
ＡＢＣワークシート：効果的なアクションへの道

A：賦活事象（activating event）

　あなたの人生における困難な状況に注目してください。Aというのは、過去の出来事かもしれませんし、あるいは現在の出来事、もしくは未来の出来事かもしれません。内的なもの、外的なもの、また、現実のもの、想像上のもの、どちらでもありえます。それでは、あなたが戦っている状況を、与えられたスペースに簡潔に書いてください。なるべく具体的に書いてください。

B：信じることができる思考（believable thoughts）

　Aの状況で浮かんでくる、あなたのやっかいな思考について書いてください。

C：思考を信じることの結果 (consequences of believing the thought)

今書いた信じることができる B の中から1つ選んでください。それでは，もしあなたがその思考を信じたら，どのような行動をとるでしょうか。以下に書いてください。

C：思考を信じないことの結果 (consequences of not believing the thought)

あなたがその思考を信じないとしたら，あなたはどのような行動をとるでしょうか。

D：脱フュージョンのエクササイズ (defusing exercises)

脱フュージョンでは，思考や感情を，それらが自ら主張する姿（危険や事実）としてではなく，ありのままの存在（言葉の流れ，行き過ぎていく身体感覚）としてとらえます。来週，あなたが実践したいと思う，脱フュージョン・エクササイズを書きとめてください。

E：有効な新しい「存在の」仕方 (effective new ways of being)

あなたは，どのような価値を人生で実現したいですか？

この価値を実現するのに役立つ，具体的なゴールは何ですか？

　あなたが自分の価値を実現すると，どのようなやっかいな思考や感情が現れる可能性がありますか？　あなたは，それを進んで体験しようと思いますか？

ワークシートのガイドでは「信じることができる思考（believable thoughts）」の例を挙げた。このような思考のタイプは，合理情動行動療法[42]，Beckの認知行動療法[8]とWellsのメタ認知療法[130]から採用したものである。これらは，伝統的CBTの実践家が同定し，変容しようと試みる思考を十分に示している。

なお，ABCワークシートのガイドのB（信じることができる思考）の例は，クライエントの特性に合わせて，変更してもよい。たとえば，抑うつのクライエントの場合には，人生への絶望感，自己の無価値，および反すうのメリットとして信じられているもの，といった信念に，焦点を当ててもよいだろう。本質的には，本書のこの節の内容を理解することで，CBTの実践家は，今までに習得してきた，非機能的な信念に関する知識，そしてこのような信念を呼び起こすときに必要とされるスキルを活用できるようになるだろう。

このABCワークシートは，クライエントが持っている信念に対して論駁することに代わるものを提供するものである。クライエントと論駁を試みたがうまくいかず，何か他のものを試そうとしている実践家には，このワークシートは特に有用なものとなるだろう。あるいは，そのクライエントは論駁法に対して特に抵抗があると臨床家が感じる場合や，「あまりにも多くの信念がありすぎて」すっかり行き詰まってしまっているクライエントに対しても使用できる。

このワークシートには，多くの認知再構成法の構成要素が含まれている。第一に，伝統的なCBTと同様，賦活事象（A）がそれほど強力ではないということ――つまり，Aはある行動をするように人に「強制」しないということ――がわかるようになる。自分自身の人生をABCで分析していく過程で，賦活事象や自動的に浮かんでくる思考についてはどうしようもないことも多いが，その思考を信じるかどうか，それらが自分にひどくあたるままにしておくかどうかについては，確かに「自分が選択するもの」であることがわかってくるのである。

第二に，ABCワークシートは，自分が自分の行動をどのように考えて

いるかということを再構成するのに役に立つ。行動の利益とその代償について，短期的，長期的の両方にわたって，よりよく理解できるようになるだろう。これは，従来のCBTで典型的に活用される機能的挑戦（functional challenging）と類似している（たとえば，「その思考を信じることは役に立ちますか？」）。

認知再構成法の構成要素に加えて，ワークシートを埋めていくことによって，おそらく脱フュージョンも促進されるだろう。紙に思考を書きとめるという単純なアクションでも脱フュージョンを促進させ，自らの思考を通してものごとを見つめ，その思考を自覚していない状態から，思考それ自体に注目できるようになる状態へ移行させる。

Dの部分を通してクライエントと実践家は，クライエントの賦活事象（A）と信じることができる思考（B）に関連する脱フュージョン・エクササイズ（第2章参照）に共同で取り組むことが可能となる。最後に，Eの部分によって，実践家は「ウィリングネス（第6章参照）」と「価値づけされた生き方（第7章参照）」に触れることができるようになる。

心理教育とノーマライジング

心理教育とノーマライジングの介入は，ACTとCBTのどちらでも頻繁に用いられる[2,32]。これらは，新たな関係を教えることが含まれるので，関係に対する（再構成的）介入といえる。たとえば，ノーマライジングによって，しばしば，私的体験（不安や自己不信）に対して評価（「ノーマル〔普通のこと〕」）が関係づけられる。パニックに対する心理教育では，神経システムがいかに働いているかという詳細な教示がクライエントに与えられ，それによって，パニックが死につながるという信念が変容される場合がある。

つまり，ACT-CBTの統合モデルでは，心理教育は根本的に，苦悩の低減ではなく，柔軟性の増加を対象とする。たとえば「パニックによって，人は死ぬことはない」とひとたび理解すれば，クライエントは何か重要な

ものごとのために，パニックを体験することをいとわなくなるだろう。クライエントが，ひとたび不安や悲しみはノーマル（普通）なものであると理解すれば，このような感情を取り除こうとする行動をより積極的に手放すようになり，その他の行動を生起するのに必要な余地が生まれるかもしれない。

嫌悪的な感情と価値づけされた生き方の結びつきを再考する

　RFTから示唆されるのは，関係ネットワークは，減らすよりもむしろ，より精巧なものに作り上げるほうが簡単だということである。つまり，認知再構成法がより効果的になるのは，直接の挑戦によってネットワークを減らそうとするよりも，最小限の対立や論駁によって既存の関係ネットワークを精巧化しようとするときである，ということになる[62]。次の例を考えてみよう。ある父親は，自分はこれまで親としてまったくダメだったととらえており，それによって強烈な苦悩を体験していたとする。その結果，彼はますます親としての義務を果たさなくなる。というのも，彼は，子どもたちを見ると自分が「ダメな親」と思ってしまうため，子どもたちを避け，ますます長い時間仕事をするようになったのだった。

　「まったくダメな親」という評価は，明らかな過度の一般化である。そのため，純粋なCBTの介入では，この評価が認知変容の標的となる。しかし，私たちの統合モデルからすると，この過度の一般化に対しては挑戦する必要がない。その代わり，その父親には「この苦悩は，あなたが良い父親になりたいと思っていることを示しているとは思いませんか。つまり，あなたは，良い父親であることに価値を置いているからこそ，苦悩を感じているのです。あなたが父親としてどうかを気にかけていないのなら，おそらく，この苦悩を体験してはいないでしょう」と問いかけるとよいだろう。この介入は，価値づけと苦悩の間に関係フレームを確立する。苦悩というのは人が価値づけをするときに必ず姿を現すものであるから，必ずしも「修正」される必要はない，ということを示すのである。

この再構成は，安心保証処置（たとえば「いいんですよ。そんなにつらく感じないでください。あなたがつらく感じるのは，自分が気にしているということの証なのですから」）として行われるのではない。むしろセラピストが行おうとしているのは，効果的なアクションを実現するために，苦悩と価値を迅速に関係づけることである。クライエントには，苦悩と自己評価を体験しつつも，価値づけされた方向に進んでいける，ということを示す。

思考，感情，行動の結びつきを教える

典型的なCBTの介入では，思考，感情，行動との間に双方向的結びつきが示される。この介入では，人の考え方が感じ方に影響し，人の考え方と感じ方が振る舞い方に影響することを強調する。ACT-CBT統合モデルからすると，このアプローチで問題となる点は，それによって，思考と感情が何かを行うための「理由」であるという観念が強化されてしまうということである。そうなると，行動を変えるためには，思考と感情を変えなければならない，ということになってしまう。

ACT-CBT統合モデルにおいても，認知再構成法を使用する。しかし，その場合，思考と感情は必ずしも行動の原因ではない，ということを強調する（以下のワークシートを参照）。CBTでも，行動実験を介して，これを行う[8]。自分の思考や感情と矛盾や齟齬があっても，行動するように促される。ただし，実験は，信念の妥当性を検証するために行われることが多い[8]。それとは対照的に，ACT-CBT統合モデルでは，行動することは非機能的な信念に挑戦するために行われるわけではない。むしろ行動は，行動それ自体のために行われる。すなわち，そのように行動することがクライエントにとって非常に重要であるために行われるのである。

クライエント・ワークシート
思考，感情，行動は必ずしも一致するわけではない

「思考や感情が特定の行動を起こさせる」と，多くの人が教わってきたのではないでしょうか。自分が何かをしたときの理由として「怒っていたから」とか「怖かったから」と言うでしょう。

しかし，私たちの思考や感情は，実は，私たちに何かをさせることはできないとしたら，どうでしょうか？　「するか，しないか」という選択権は私たちにあるとしたら，どうでしょうか？

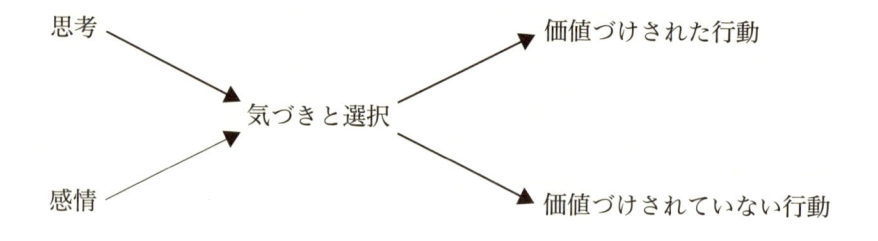

```
思考 ↘                    ↗ 価値づけされた行動
       気づきと選択
感情 ↗                    ↘ 価値づけされていない行動
```

私たちは，あなたに「ここで言っていることを信じろ」というわけではありません。むしろあなたに，自分の体験に目を向けてもらいたいのです。

あなたが自分の思考や感情に耳を貸すことなく，なおかつ，自分が価値を置くことを行ったときの例を3つ考えてみましょう。たとえば，「誰かに対して怒りを感じているのだけれど，それでもなお，敬意をもってその相手に接する」や「何かをするのを恐ろしいと感じながらも，それでもなお，実際にそれを行う」などです。

あなたの思考と感情が，あなたにあることをするよう「命じた」にもかかわらず，あなたがそれとは異なったことを実行した例を3つ挙げてください。

第3章　伝統的なCBT技法をより強力なものにする　89

1.

2.

3.

　このエクササイズによって，あなたは「やっかいな思考や感情を抱えながらも，同時に効果的な行動をすることができる」ということを，あなた自身の体験から発見したでしょう。すなわち，あなたの思考や感情が，効果的な行動の対極であると考える必要などないのです！　これは，素晴らしいことです。なぜなら，たとえあなたが恐れ，自信喪失，怒り，苦痛，その他どんなことを感じていたとしても，自分の望むように自分の人生を生きていける，ということだからです。

その他のCBT関連のエクササイズ

　今までCBTの研究者たちは，非機能的思考の鍵となる次元を同定しようとしてきた[7,29,31,128]。以下に紹介する「あなたをひっかける思考をさがせワークシート」は，その次元のいくつかを示している。あなたに固有の安寧や行動の有効性におけるばらつきを予想するものである[26,58]。Beckは，中核的な非機能的信念は「無力であること」と「愛されないこと」を中心にして作り出される，と主張している[8]。このワークシートでは，この2つの次元をそれぞれ「項目1～5」と「項目11～15」で表した。また，このシートには，役に立たない思考として，その他にも，自尊感情の低さ（項目6～10），情動的回避（16～20），行動へのバリアとしての情動や思考（項目21～25），希望の低さ（項目26～30）が含まれている。また，このシートは，クライエントが，ある思考を信じ込むことと，信じ込まないことを区別できるようになるために使用できる。さらに，どのような種類の認知の内容が，ときとして効果的なアクションの妨げとなっているのか，ということを同定する際にも，このワークシートは有用である。

　ACTは，一般的に，クライエントにどのような非機能的な信念があるか（たとえば，愛への極度の要求に関係した信念や，不安を体験することに対して想定される破局的な結果など）を扱おうとはしない。なぜなら，ACTの考え方からすると，ことばには本質的に良いものも，悪いものもないからである。すべては「その信念を抱いていること」が，その人のゴールを支持するものであるかどうかにかかっている。このように，形式よりも機能を重視するスタンスに私たち著者も同意する。しかし，それでもなお，CBT研究によって同定された信念の形式は有用となる可能性がある，とも考えている。このような信念のタイプについて学ぶことで，実践家とクライエントは，しばしば（「つねに」ではない），問題となっている思考を認識することができるようになる。

クライエント・ワークシート
あなたをひっかける思考をさがせ

　このワークシートは，あなたを「ひっかける（hook）」思考と「ひっかけない」思考とを区別するための実践的な練習をするためのものです。「ひっかける」ということばは，その思考があなたの人生において何かしらの力を持っている，ということを表します。その思考は，あなたを情動的にわしづかみにしたり，ある状況でどのように行動するかを命じたりします。ただし，このワークシートを完成させるとき，次の2つのことを忘れないようにしてください。

■　誰もが思考にひっかけられてしまうものです。

■　あなたは，たとえその思考が真実であると信じていなくても，その思考にひっかけられてしまう可能性があります。たとえば，あなたは侮辱されると，たとえそれが間違いであるとわかっていても，それによって傷ついてしまうことがあります。

パート1　価値に基づいた生き方に対する認知的バリアの克服

先月，あなたは，以下の思考にどれほど頻繁にひっかけられましたか？

1	2	3	4	5
全くなし	まれに	時々	しばしば	常に

1．何かをするなら，完璧といえるほど上手にそれをこなさなければならない。そうしないと，人は私を尊敬してくれない。	1　2　3　4　5
2．他人と同じくらい成功しなければ，それは「私が弱い」ということを意味する。	1　2　3　4　5
3．何かに失敗したら「人として失敗した」ことと同じだ。	1　2　3　4　5
4．やるからには何でも完璧でなければならない。	1　2　3　4　5
5．助けを求めることは弱さの証拠である。	1　2　3　4　5

スコア1　_____
（選んだ数字の合計）

6．私は，価値のない人間だ。	1　2　3　4　5
7．私は，自分自身に我慢ができない。	1　2　3　4　5
8．私には，誇りにできることが何もない。	1　2　3　4　5
9．私は，全くダメだ。	1　2　3　4　5
10．私は，他の人と同じように上手に何かをこなすことができない。	1　2　3　4　5

スコア2　_____
（選んだ数字の合計）

11．私は，他の人からの承認を必要としている。	1　2　3　4　5
12．私は，他の人たちが私のことを悪く思っていることに耐えられない。	1　2　3　4　5
13．他の人から嫌われたら，私は幸せにはなれない。	1　2　3　4　5
14．私の幸福は，他の人が私をどう考えるか次第である。	1　2　3　4　5
15．私は，誰か他の人に愛されなければ，幸福になれない。	1　2　3　4　5

スコア3　_____
（選んだ数字の合計）

第3章 伝統的なCBT技法をより強力なものにする　93

16. ネガティブな感情がなかったらいいのに。	1	2	3	4	5
17. ストレスはとても恐ろしい。	1	2	3	4	5
18. 私は，自分の苦痛な感情をコントロールする必要がある。	1	2	3	4	5
19. 私は，自分のネガティブな思考を回避する必要がある。	1	2	3	4	5
20. 自分の嫌な記憶を消し去ることができたらいいのに。	1	2	3	4	5

スコア4 _____
（選んだ数字の合計）

21. 感情が私の人生の邪魔をする。	1	2	3	4	5
22. 私は誰かから励まされないと，何かをすることができない。	1	2	3	4	5
23. 私の行動は，気分によって左右される。	1	2	3	4	5
24. 私は不安や落ち込みを感じると，自分の責任を果たせなくなってしまう。	1	2	3	4	5
25. 自信を喪失すると，自分にとって重要なことができなくなってしまう。	1	2	3	4	5

スコア5 _____
（選んだ数字の合計）

26. 私は，自分と同年齢の人たちよりも，うまくやれていない。	1	2	3	4	5
27. 私は，人生において自分の最も重要なものを，どのようにして手に入れたらよいのかわからない。	1	2	3	4	5
28. 自分が今までしてきた経験は，未来には何の役にも立たない。	1	2	3	4	5
29. 自分の求めるものを目指して必死で努力するなんて無駄だ。どうせ，それを手にすることなんてないのだから。	1	2	3	4	5
30. ものごとは，決して私の思い通りにはならない。	1	2	3	4	5

スコア6 _____
（選んだ数字の合計）

それではここで，あなたのスコアを合計してください。どのタイプの思考があなたを「ひっかけて」いますか？　どのスコアが最も点数が高かったでしょうか？

　このエクササイズは，あなたが人としてどうかを説明しようとするものではありません。どのような答えがより良い，より悪いといったこともありません。このエクササイズの目的は，単に，あなたが自分の思考に自覚的になることで，そのような思考を信じるかどうかを，より良い立場に立って選択できるように支援することです。あなたは「私の行動は，気分によって左右される」という思考を持ったとしても，それを信じないこともできます。たとえば，あなたは怒りを体験し「私の怒りは私に攻撃的な行動をさせる」と考えたとしましょう。それでもあなたは非攻撃的に行動することが可能なのです。

スコア1：「力」に対する過度な要求

　これらの項目は，完璧でありたい，高レベルの成功を達成したい，いつでも有能でありたい，といった欲求に関係しています。これらは，無力でどうすることもできないことに対する，あなたの恐れに関連する項目です。

スコア2：自尊感情の低さ

　これらの項目は，低い自尊感情や「ダメだ」と自分自身を評価することに関わる，あなたの思考を示しています。

スコア3：「愛と承認」に対する過度な要求

　これらの項目は，誰からも承認や愛を得たいという，あなたの願望を反映しています。

スコア4：回避

　これらの項目は，嫌悪的な感情と思考を回避する必要があるという，あなたの信念を示しています。

スコア5：バリアとしての思考

　これらの項目は，あなたの思考や感情が，効果的なアクションに対するバリアとなっているという概念に関係するものです。

スコア6：希望の低さ

　これらの項目は，あなたは人生において，自分にとって最も大切なものを手に入れることができない，と考えることに関係するものです。

クライエント・ワークシート
機能的な思考日誌

使用方法：「自分が価値を置いていることに取り組めていない」ことに気づいたら，「今この瞬間，自分の心の中を何が通り過ぎていっているだろうか？」と自分に問いかけてください。それから，できるだけすぐに，以下の欄に，その思考を書きとめてください。

日付／時	ビデオカメラで撮影したように，その状況をありありと説明してください。	そのとき，どのような気分（悲しい，不安，怒り）を感じましたか？ また，どのような思考が現れましたか？	
1月4日，正午	私は自宅のキッチンに座ってワインを飲んでいる。子どもは外に出たがっているが，私はそれを許そうとはしない。	不安，罪悪感 私は外出することに耐えられない。 私は悪い母親だ。	

第 3 章　伝統的なCBT技法をより強力なものにする　97

あなたは，自分の価値と一致しない，どのような行動をとりましたか（あるいは行動ができませんでしたか）？	この状況で，あなたはどのような価値を実現したかったのでしょうか？	その価値を実現させるとしたら，あなたはどのような行動をとるでしょうか？
息子を外出させなかった。	子どもの成長と発達を促すような，良い母親であること。	たとえ不安ややっかいな思考を抱えていたとしても，子どもを外に連れて行くだろう。

「あなたをひっかける思考をさがせワークシート」は，ホームワークとしてもよいだろう．その場合，次のセッションで，あなたとクライエントでワークシートについて検討し，どのような種類の思考がそのクライエントにとって特にやっかいであったかについて話し合うとよい．「あなたをひっかける」可能性がある「モノ」として思考について語るという，まさにそのアクションが脱フュージョンを促進するのに有益となる．また，このエクササイズを行うことで，どの方向へ脱フュージョンの努力を拡大していったらよいのか，というヒントが得られることもあるかもしれない．たとえば，クライエントは，自分は誰からも愛されるべきと強く信じているかもしれない．この信念が，その人の自己主張を妨げていることもある．そのような場合には，クライエントが「私は『承認』を必要としている」という思考を「抱え」ながらも，なおも自己主張的に行動するように支援する．たとえば，ジョンは昇給を申し出たいのだが，そうすることを恐れているとする．彼は，自分の恐れのせいでそのような申し出ができないと考えている．ジョンが昇給の申し出をしに行くときに，「恐れで申し出ることができない」という思考を索引カードに書いてポケットに入れて持っていってもよいかもしれない．

　「機能的な思考日誌のワークシート」は，J. S. Beck（文献 8 の p.132）が示したような，典型的な CBT の思考日誌をアレンジしたものである．CBT の思考日誌と比べ，このワークシートは，結果として生じる情動を重視せず，外的な行動に焦点を移行させている．クライエントは自動思考に論駁する根拠を探したり，より正確な評価（たとえば，「起こりうる最悪のことは何ですか？」）をしたりするように促されたりはしない．この「機能的な思考日誌」では，思考の文脈，言い換えれば，行動の先行事象（きっかけを与える状況），行動と共に生じるもの（情動と思考），そして結果（価値づけられたことに対し行動がうまくいったか，いかなかったか）だけを書くことを求められる．

思考を再構成するためにメタファーを使う

　メタファーの使用はACTにとって，かなり中心的な位置をしめる[71,120,121]。アナロジーやストーリーといったものも，同様に使用される。ACT-CBT統合モデルを促進させるために，本書でも至るところで視覚的メタファーを活用している。このようなメタファーを強調するのには理由がある。RFT／ACTの視点からすると，メタファーを使用することに「強み」があるからである。
　第一に，メタファーというのは「〜をしろ」とも「〜してはいけない」とも言わないものである。それゆえに，クライエントがセラピストに無批判に従う（コンプライアンス）という状況を生じさせにくい。このコンプライアンスというのは，クライエントが，ルールを信用することなく，自分の体験を通して何が有効に機能するかを発見するようになる代わりに，新しい言語ルールをそのまま鵜呑みにすることを意味することから，ACTの視点からすると，大きな問題とみなされる。第二に，メタファーは覚えやすく，多くの状況で使える。最後に，メタファーは，推論の一形態ではなく，むしろ人びとが自分の体験を今までとは違った方法で見るようにする「絵画」のようなものである[61]。たとえば，蟻地獄（流砂）のメタファーを考えてみよう。これは，クライエントが自分の不安との戦いを理解しやすくすることができる——つまり，不安と戦うのは，蟻地獄と戦うのに似ているということである。これは，メタファーを介して，自分の戦いを視覚化させる（脱フュージョン）ばかりではない。不安に対して戦い，不安な状態にますます深く落ちていくという，自分自身の体験に気づくための支援にもなる。
　思考を変えるために，メタファーが概して非常に効果的なのは，メタファーが物質的な，あるいは形式的な特性の次元と，また直接的な随伴性とうまく対応しているときである。たとえば，「蟻地獄の中で溺れる」というメタファーは「不安のなかで溺れる」というかなり抽象的な考えに対応して物質的なシナリオを説明している。これは，クライエントが不安を物

理的な戦いとしてとらえることを助けるとともに，戦えば戦うほどますます沈んでいくことになるという体験にクライエントの注目を引きつける。このメタファーを用いることで，不安をコントロールするというクライエントの考え方を迅速に変容させることができるのである。

セッション中に「マインドフルなスペース」を創造する

　前節では，CBTの実践家にはかなりなじみ深い技法を，いくぶん目新しい方法で使用してきた。この技法は，認知の内容に対する直接的な挑戦を最小限に抑えながら，クライエントに認知的再構成に取り組ませるようにデザインされている。また，この技法は，「思考の内容」から「思考の文脈および結果」へと焦点を変える。

　これまで技法を強調してきたが，当然のことながら，これらの技法はセラピーというより大きな文脈において生じるものである。伝統的なCBTのより大きな文脈とは，誘導による発見と協同的経験主義である（図3.1の左側のような特徴を持つプロセス）。本質的にセラピストは，クライエントが答えることのできる質問だけをするところから始め，クライエントが現在のところ焦点化していない情報に注目を向けさせ，さらに，具体的なものから抽象的なものへと話を移行させ，最終的にクライエントが新しい情報を適用して，以前の結論を再評価するか，あるいは新しいアイデアを構築するかのいずれかを行うよう支援する[95]。

　協同的経験主義は，言語に基づく推論プロセスを強化する。その根拠を吟味し，意味について検討し（たとえば，「あなたは『私はダメだ』と言うとき，何を意味していますか？」），推測し，結論を考察するように（「数回失敗したからといって，いつも失敗すると結論づけられますか？」），クライエントを促すのである。

　しかし，あまり言語が優勢ではないスペースを創造することもできる。ACTでは，それが実際に行われているのである。そうしたスペースは，2つの相補的な方法で創出することができる。まず1つ目の方法は，解釈，

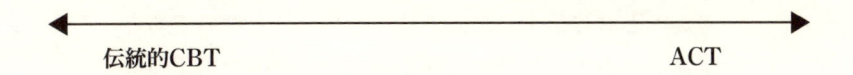

伝統的CBT	ACT
分析的：推論，問題解決，解明を強調	非分析的：分析されない「体験」を強調
高度に言語的	言語的でない
あるものが何を「意味する」かに焦点を当てる	マインドフル
比較と評価をしている	脱フュージョンされている，評価的でない

図3.1：CBTとACTにおけるスタイルの相違

　理由づけ，問題解決，評価といったものを積極的に促さないようにすることである。たとえば，クライエントは，信念の根拠を探したり，問題に対する可能な解決策を考えたり，あるいは自分の体験を解明しようとしたりすることを促されたりしない。協同的経験主義を捨てることはかなり厳しいことかもしれない。クライエントが問題を抱えて現れると，クライエントもセラピストも問題解決に取り組みたいという強い衝動に駆られるものである。マインドフルなスペースを創造するための鍵は，クライエントの問題を「修正しよう」と試みるのを，少なくとも短期的にはやめさせることである。

　マインドフルなスペースを創造する2つ目の方法は，クライエントが体験していることに対して十分にかつ判断なしで向き合い，そして自分がクライエントの体験との接触を失ったときには，それに気づくようにすることである。あなたが自分自身の頭の中へと入り込んでしまうと，そのせいでクライエントの体験との接触を失いかねない。あるいは，クライエントが「今，この瞬間」との接触を失い，自分の人生について混乱を招くような物語を語っているという場合もあるかもしれない。このようなことが起こったら，あなた自身とクライエントを「今，この瞬間」に引き戻しさえすればいいのである。スローダウンして，沸き上がってくるやっかいな感情と共に，そこにとどまってみる。重要なのは，その時に，その場所で，

そのクライエントと共に，十分に向き合うということなのである。あなた，あるいはクライエントが，言語的に構築された，過去や未来の世界へ「去っていって」しまうたびに，「今，この瞬間」にゆったりと戻ってくるとよいだろう。

「マインドフルなスペース」を失ったことに気づくための10個の手がかり
　このリストは，注意すべき10個の手がかりを挙げている。これらのうちのどれか1つでも該当することがあれば，あなたは「今，この瞬間」[133)]とマインドフルなスペースを失っているかもしれない。

1．比較したり，評価したりしている。

2．会話が複雑でせわしない。

3．対話が混乱していて，あなた，クライエント，あるいはその双方が，その混乱から脱しようと懸命になっている。

4．対話が敵対的である（たとえば「あなたは葛藤しているようです」）。

5．ものごとの結果について警告している（「はい，でも…」）。

6．会話が未来あるいは過去の話に終始している。

7．クライエント以外の人（セラピストや他人）についての話に終始している。

8．問題解決を強調している。

9．話し合われていることが，古くて，どこかで聞いたことのような感じ

がする。まるで何千回も繰り返されてきたような話に聞こえる。

10. 「しかし」などの逆接の接続詞が使われる（たとえば，「やってみます。しかし…」）

　クライエントの苦痛な情動や思考に対してマインドフルなアクセプタンスで対応できているとき，セラピストは，クライエントが安心して参加し，自分自身（「受容不可能な」恐れや思考も含め）を明らかにし，さらに自分の体験から逃げるためにことばを使用しないでいられるようなスペースを作り出している。また，このマインドフルなスペースによって，臨床家は，クライエントがいったい何と戦っており，最も標的にしなくてはならないプロセスがどれなのか，ということを同定できるようになる。

結　論

　本章によって，CBTの実践家とACTの実践家の双方が，自分の臨床的なレパートリーを拡大させることを，私たちは願っている。CBTの実践家の場合，まずは新しい方法でなじみのCBT技法を使用することから，実験を開始するとよいだろう。また，ACTの実践家は，まずはCBTのホームワークとセラピーで用いられるツールをいくつか使って実験し，多くの文脈でクライエントの役に立たない思考のタイプについて，さらに理解を深めるとよいだろう。

第4章

自己を発見するために自己を手放す

あなたは分離された自己ではない。
あなたには呼ばれれば答える名前があるが，
他に一万もの名前にも答えてきた。
どれが本当のあなたなのか？　どれでもないのだ。
　　　　　　　　——Deepak Chopra（ディーパック・チョプラ）
　　　　　"Buddha : A Story of Enlightenment"（『ブッダ』）

　米国の文化はしばしば，自己に対してポジティブな感覚を持つことを促す。たとえば，自尊感情はパワーの源であり，それゆえ筋肉のように「強化する」，あるいは家の土台のように「構築する」必要があるといわれる。自尊感情は根源的欲求である，とまで言った科学者もいる[105]。自尊感情がかくも貴重に思われるのも不思議はない。しかし，残念なことに，自尊感情に「ダメージ」を与える恐れがあるものはとても多く存在するようである——残酷な侮辱，トラウマ，友人や恋人からの拒絶，失敗，ひどい体験などである。私たちは，しばしば，自分の自尊感情を守らなければならないと感じる。
　これがすべて間違いだったとしたら？　仏教徒たちが何世紀にもわたって論じてきたように，このように自己を強調することこそが，実際には苦悩の源[78,103,110]であったとしたら？　自己を構築することが，自分自身を

閉じ込める独房を築いているようなものだとしたら？

本章では，このような疑問に取り組んでいくことにする。第２章では，役に立たない認知を徐々に弱めていくことに焦点を当てた。本章はその延長として，１つの広く一般的な認知のタイプ，つまり，自己という概念の力を弱める可能性に焦点を当てている。

自己には３つのタイプがある

ACTの視点からは，自己というものは，３つの状態から構成されているものとしてとらえられる。これらは，概念としての自己，プロセスとしての自己，文脈としての自己，と呼ばれる。「概念としての自己」に対する介入は，ACTよりもCBTで使用されることが多い。一方「プロセスとしての自己」と「文脈としての自己」は，柔軟で価値に適合した行動を促すために，CBTとACTの両方で使用可能である。

概念としての自己

概念としての自己，つまり「概念化された自己」では，自分の気質，価値，好み，習慣，確信，美徳，欠点，その他の個人的性質にしたがって自分自身を定義する。たとえば，概念としての自己は，「私は黒髪の持ち主である。私はテニスを楽しむ人間である」といったコメントで表される。伝統的なCBTでは，非機能的な自己概念をしばしばターゲットにする。たとえば，「私は価値がない」という信念に挑戦し，クライエントには「私は価値のあることをしないこともあるが，私を価値がないとすることができるものなど何もない」といった，もっと有効な言明を信じるよう促すだろう。この介入には，関係ネットワークの変容が伴う。しかし，ACTでは，この介入も，関係ネットワークの変容も最小限に抑えられる傾向がある（第３章参照）。実際には多くの文脈で，ACTは「良い／悪い」のいずれにしても，自己評価を控えさせようとするのである。

研究知見によれば，高い自尊感情にはたしてどれほどの価値があるのか，といった，自尊感情自体を疑問視する声が出始めている[4,26]。たとえば，自尊感情が高いからといって，より優秀な学業成績が予測されるというわけではない[26]。自尊感情の改善を試みる介入が，必ずしも良い結果につながるとは限らない。実際には，非生産的になる可能性があるのである[4]。

ポジティブな自己評価を増進させようとする際には，思考の内容を捨てる（脱フュージョン）ようにその人を支援するのではなく，むしろ思考の内容を受け入れるように促すことになるだろう。本質的には「自己尊重」というゲームをするように，クライエントを促すのである。このゲームをしても，ポジディブな結果しか得られないということになる可能性はある。しかし，ポジディブな評価は，ときとして，ネガティブな評価をしたい気持ちにさせる場合がある（以下のエクササイズを参照）。さらに，マインドは，評価のポジディブな面のみに永遠にとどまっていることはできない。人が自己を評価すれば，必然的にネガティブな評価も現れるものなのである。このことは，目を閉じて5分間，自分自身についてポジディブな評価だけをするよう指示すれば，理解してもらえるだろう。ネガティブな評価が現れるたびに手を挙げてもらうのである。たいてい，5分間に何度も手を挙げることになるだろう。もし仮に，手を挙げなかったとしても「ポジディブに考える」ためにいったいどれだけのエネルギーが必要だったかを考えてみるように言うとよい。そして，このエネルギーを他の場所でもっと有効に使用できないものか，とたずねるとよいだろう。

クライエント・エクササイズ
自己の尊重ゲームのダークサイド

　このエササイズは，ある評価がしばしば，いかにその正反対の評価につながってしまう可能性があるかをクライエントに具体的に説明するものである。クライエントには，まず目を閉じてもらい，次にあなたがこれから言うことばを声に出さずに自分自身に対して言ってもらう。ここでのクライエントの唯一の課題は，そのときに何が現れるかに注目することである。

　　1．私は平均的な人間である。

　　2．私は何でもうまくこなすことができる。

　　3．私のすることは何でもすばらしい。

　　4．私はほとんどすべての人たちに愛されている。

　　5．私は完璧である。

　クライエントには目を開けてもらい，今ここで体験したことを言ってもらう。ほとんどの人は，より極端なフレーズ（3〜5）に進むほど，反対の評価を頭に浮かべる傾向があるとコメントするだろう。たとえば，フレーズ3に反応して，「それは真実ではない。私は多くのことをうまくすることができない」と考えるだろう。
　ここで，再びクライエントに目を閉じてもらう。今度はネガティブな評価で同様のことをしてみる。

第4章 自己を発見するために自己を手放す

1．私は多くのことをうまくすることができない。

2．私はひどい人間だ。

3．ほとんどすべての人が私を嫌っている。

4．私は壊れている。

　クライエントに目を開けてもらい，自分の反応を言ってもらう。なかには，自分のマインドが評価に反抗し，反対の評価をするのに気づいた人もいるかもしれない。少し悲しい気持ちになったり，あるいは落ち込んだ気持ちになったりした人もいるだろう。

　このエクササイズのポイントは，評価するというレベルにとどまる限り，心の平穏は訪れないということを，クライエントに体験的に理解してもらうことである。「自己の尊重」ゲームで常に勝つ方法などないのである。

　次に，そもそも，このようなゲームをする必要があるのかどうか，クライエントに質問するとよい。確信がなく，自己不信に陥っているときでも，効果的に行動することははたして可能なのだろうか？　ひどく自信を喪失していたが，それでも何かを最後までやり遂げたときの例をクライエント自身から引き出すとよいだろう。最後に，自己評価は必ずしも，効果的な行動のバリアとなるわけではない，という概念をよくよく理解してもらうために，次のことばを声に出して繰り返しながら，部屋の後ろまで歩いて行くようにクライエントに言う。「私はダメな人間なので，部屋の後ろまで歩いて行けない」と。

プロセスとしての自己

プロセスとしての自己とは，内的な体験を，それが発生したときに観察し，着目することを意味する。プロセスとしての自己は，ある人が「私は自分が……という気分を抱いていることに気づいている」と述べるときに現れる。情動の中には「悪い」ものがあるので，それを回避すべきだ，と子どもたちに教える状況では，少なくとも部分的には，「プロセスとしての自己」に関する問題が発生することがある[54]。回避することによって，子どもたちは自分の感情から分断され，その感情をどのように呼んだらよいかわからないという事態に陥ることがある[98]。また，「プロセスとしての自己」の問題は，自分の感情状態を正確かつ敏感に表現できない養育者の子どもにおいて発生することがある[106]。極端な場合，ケアをする者が虐待的で，故意に子どもの気分を否定したりするために（「悲しく感じるべきではない」），子どもは自分の感情状態に混乱し，確信が持てなくなってしまうことがある。

セラピストはクライエントに，内的体験を判断なしにモニタリングしたり，説明させたりする練習をすることで，彼らの「プロセスとしての自己」の発達を支援するとよい（エクササイズについては，文献71, 83を参照）。また，セッション内で沸き上がってくる感情に注目して名前をつけるようにクライエントを支援してもよいだろう。ここでの重要な鍵は，再帰的に応答することを機能化させること，すなわち自分の感情や思考に対して，それらが発生しているときに気づく能力を構築するようにクライエントを支援することなのである。

文脈としての自己

最後に，**文脈としての自己**，つまり「観察者としての自己」とは，「場としての自己」あるいは「視点としての自己」の体験を意味する。「文脈としての自己」とは，「内容としての自己（概念としての自己）」と「プロ

セスとしての自己」の両方を包含する「気づきの位置（a position of awareness)」に入ることである。この位置にあるとき，私たちは，自分が気づいていることを自覚している。たとえば，美しい夕日を見ているところを想像してみてほしい。「私は夕日を好むタイプの人間である」とあなたが考えたなら，そこには「内容としての自己」が存在している。そして，自分がこの思考を抱えていることに気づいたならば，そこには「プロセスとしての自己」が存在しているのである。「文脈としての自己」とは，その思考に気づいている誰か（あなた）がいることに気づくことを意味する。あなたがどのような思考を抱いているかに関係なく，それを観察できる自己──「あなた」──が存在するということを認識している状態なのである。この自己は，思考の内容の一部ではない。メタファーを使うなら「文脈としての自己」をチェス盤[71]と考えることができる。チェスの黒い駒と白い駒はあなたのネガティブな思考とポジティブな思考である。チェス盤はこれらの駒をのせているが，駒ではない。盤上に黒い駒ばかりで白い駒が少ししかないこともあるが，それでもチェス盤はチェス盤のまま同じである。盤上に白い駒（ポジティブな思考）しかない場合もあるが，それでも，チェス盤はそのままである。

　言語的に「文脈としての自己」を理解するのは難しい。そこで，もっとよくその感覚をつかむために，後の体験的エクササイズを行うことにする。では，なぜ「文脈としての自己」との接触を高める必要があるのだろうか。そうすることで，安全で，比較的安定した「立ち位置」が得られるからである。それは，多くの場合，自己概念やその他の私的体験に対して執着することをより積極的に手放せる場所である。「文脈としての自己」が見つけられていないと，自分の自己概念を実際に自分であるかのように考えてしまいがちである。そのため，自己概念を放棄しようとすれば，自分自身の一部をなくしてしまったかのように感じられるかもしれない。文脈としての自己とは，自己の概念が浮かんでは消えていくのを見つめながら，それにとらわれないでいられる安全な「場所」なのである。

　「自己を発見する」エクササイズは，セラピストとクライエントが「文

脈としての自己」に接触し，この自己と，自分の人生の内容（思考，感情，苦痛など）とを区別するのを体験することを支援する。自分の苦痛は，自分とイコールではない。自分の情動や思考は，自分とイコールではない。それは，雨や雲のようなものである。人は，それらすべてを抱える空のようなものなのである。

クライエント・エクササイズ
自己を発見する

　私たちは誰でも，絶えず自分自身に何らかのラベルを貼っています。自分自身についてポジティブに考える（「正直な」，「強い」，「良い親」など）こともあれば，ネガティブに考える（「信用できない」，「気分が変わりやすい」，「怠惰な」など）こともあります。あなたがよく自分自身に貼りつけてしまうラベルを考え，それらを書き出してください。

ネガティブなラベル	ポジティブなラベル
最悪の場合，私は…だ。	最良の場合，私は…だ。
1．私は＿＿＿＿＿＿＿＿＿だ。	1．私は＿＿＿＿＿＿＿＿＿だ。
2．私は＿＿＿＿＿＿＿＿＿だ。	2．私は＿＿＿＿＿＿＿＿＿だ。
3．私は＿＿＿＿＿＿＿＿＿だ。	3．私は＿＿＿＿＿＿＿＿＿だ。
4．私は＿＿＿＿＿＿＿＿＿だ。	4．私は＿＿＿＿＿＿＿＿＿だ。
5．私は＿＿＿＿＿＿＿＿＿だ。	5．私は＿＿＿＿＿＿＿＿＿だ。
6．私は＿＿＿＿＿＿＿＿＿だ。	6．私は＿＿＿＿＿＿＿＿＿だ。
7．私は＿＿＿＿＿＿＿＿＿だ。	7．私は＿＿＿＿＿＿＿＿＿だ。
8．私は＿＿＿＿＿＿＿＿＿だ。	8．私は＿＿＿＿＿＿＿＿＿だ。

セラピストへの使用上の説明

1. クライエントがワークシートに記入したら，目を閉じさせ，楽にするように言う。それから，息が鼻から出入りする，その息に注目するように言う。息に焦点を合わせたままでいるよう求め，クライエントが焦点を失ってしまったら，ゆっくりと，再度，自分の息に注意を向けるように求める。これを3分行う。

2. 次に，クライエントに「最悪の場合，私は…だ」という文を，声に出さずに書き出してもらう。クライエントは自分が「自分の最悪の状態」のときのことを考えることになる。この状態を，クライエントの「最悪の自己」と呼ぶことをクライエントに伝える。そして，この「最悪の自己」になっている自分自身をまざまざと思い浮かべるように，クライエントに求める。

3. 次のステップでは，クライエントの注意を「観察者の自己」に導く。セラピストは，次のように述べるとよい。「さて，それは，最悪の自己としてのあなたです。この最悪の自己を見ている誰かがいるということに注目してください。この最悪の自己を観察して，それが行うことを全部見ている『あなた』が存在します。この『見ている人（自分）』が「観察者の自己」と呼ばれるものです。あなたは観察者であることを体験できますか？　あなたの思考や感情は常に刻々と変化しています。それでも，すべての思考と感情を観察できる，このあなたは存在しているのです。これを頭で理解しようとしてはいけません。この『観察者としての自己』に気づけるかどうか，確かめるだけにしてください。瞳の背後であなたの最悪の自己を観察しているその人物です。実に奇妙なことがあります。つまり，**あなた**があなたの最悪の自己を観察するとき，あなたはこの最悪の自己とイコールではないということです。あなたは観察者なのです。わかりますか？　別のラベルを用いて，このエクササイズを試してみましょう」

4. ネガティブなラベルとポジティブなラベルを使って，ステップ2とステップ3を繰り返す。適宜，「最悪の自己」ということばを「最良の自己」に置き換えて実施する。

振り返り

　エクササイズを何回も繰り返し行ってから，クライエントに目を開けてもらい，エクササイズにおける自分の体験について話すよう求める。大切なのは，過度に言語的になったり，論争的になったりしないようにすることである。ここでは，単に「観察者の自己」という考えを知ること以上に「観察者の自己」を体験することが大切である。「観察者」と「最良の自己と最悪の自己」という概念の間には区別があることが理解できただろうか？

　人はときとして，自分自身と自分の人生の内容との間の区別に接触することに抵抗することがある。その内容がポジティブなもの（たとえば，「私は良い父親である。それが本当に私の姿である」）であるときには，特にそうだろう。観察者の視点を持つように無理に求めたり，議論したりする必要はない。自己の内容と観察者との区別がわかり始めれば，それで十分である。

　ひとたび，「自分」と自分の評価をいくらか距離をもって捉えることができるようになれば，評価の機能性に注意を向けることができるようになる。自分をネガティブに評価したとき，人は自分の行きたい場所へ行きつくことができるだろうか？　自分をポジティブに評価したのに，それが効果的な行動のバリアとなったときのことを思いつくことができるだろうか？　たとえば，役に立つ批判を無視してしまったとき，あるいは自信過剰であったときなどである。ある評価が有用であるか，それとも有害であるかは，その本人にしかいえないものである。

　観察者としての視点に移行する能力は，強さの源である，とクライエントに示唆するとよいだろう。観察者としての視点に立つことで，クライエントは，より賢明になり，自分の思考や感情にあまり執着しなくなることが多い

ものである。この視点から見ると，困難なものごとを手放すことも，以前より簡単に感じられるかもしれない。自分の感情や思考の言いなりにならないというのは，さほど難しいことではないと思われるようになるだろう。クライエントには，セラピストが言っていることばを信じるのではなく，自分自身の体験に耳を傾けるようにしてください，と言いなさい。実験をし，体験に導かれるようにすべきであると，強調するとよい。

　このエクササイズは柔軟なものである。たとえば，必ずしもワークシートを用いてエクササイズを始める必要はない。目を閉じるところから始めて，さまざまに違う形で自分自身を想像するよう求めてもよいだろう。クライエント次第で，自分の「苦悩している自己」，「病んでいる自己」，「癌を抱えた自己」，「痛みに苦しんでいる自己」，「犠牲者としての自己」，「専門職についている自己」などを想像させてもよいだろう。重要なのは，ある役割にとらわれていながらも，その役割にある自分自身を観察することが可能であるということを，クライエントが気づけるよう支援することである。つまり，見つめ，そして観察する「あなた」が存在し，そして「役割」が存在するのである。あなたは，あなたの役割とイコールではない。あなたは，あなたの思考，あなたの苦痛，あるいはあなたの苦悩とイコールではない。あなたは，これらのものが浮かんだり消えたりするのを観察するのである。

結 論

　私たちの自己概念は、「ときどき」だが、効果的なガイドとして作用する。たとえば、自分はすばらしいバスケットボール選手ではないと理解することは、プロのバスケットボール選手というキャリアを追求しない選択をするのに役立つ。しかし、自己評価が問題となることもあるだろう。自己評価は、体験とは大きくかけ離れた言語プロセスに基づいていることがある。たとえば、私たちは何かをやろうと試みる前であっても、自分はそれができるほど優秀でないと信じてしまう場合がある。事態をいっそう悪くするのは、私たちの評価はポジティブであるよりも、ネガティブになることが多いということである。これは、私たちのマインドが常に危険や問題に目を光らせ、モニターしているからである（第2章参照）。私たちの批判的なマインドは、自己をやり玉に挙げ、自己が「ダメージを受けている」、「病んでいる」、「ダメである」点を探し求めようとする。ネガティブなバイアスがあるということは、系統的に自分の能力を過小評価することになるだろう。ポジティブなバイアスがあるということも、正解にはならない。なぜなら、その場合、私たちは批判や有効なフィードバックに対して鈍感になっているかもしれないからである。では、私たちが自尊感情への「欲求」を全面的に手放せたとしたら、どうだろうか。おそらく人生は、可能性に満ちた、もっと活気に満ちたものとなるだろう。

パート **2**
アクセプタンスとアクションへ

第5章

私たちの生活は哲学的な前提に支えられている

> 私たちのものの見方こそが，ものごとの本当の姿，あるいはあるべき姿だということを，私たちは前提にしている。そして，私たちの……行動は，このような前提から生じているのである。
> ——Stephen R. Covey（スティーブン・R・コヴィー）
> "The Seven Habits of Highly Effective People"（『7つの習慣』）

仏教徒の中には「人生は普通，錯覚や妄想に満ちている」と言う者がいる[78,110]。本書のパート1では，なぜ「人生は普通，錯覚や妄想に満ちている」のかについての理論を見てきた。私たちは，言語的に構築された世界にとらわれるあまり，自分のすぐ目の前にあるものを見失ってしまうことが多いのである。ここに一枚の風刺漫画がある。これを見るとわかるように，ことばは，しばしば外界の体験と混同されてし

「今夜はやけに月が黒く見えるなあ」

まうのである。

　パート1では，言語が持っている力を，少なくとも一時的に弱めるにはどうしたらよいのかについて検討した。脱フュージョン，認知再構成法，「文脈としての自己」のワークを通じて，徐々にことばに縛られずに，ものごとを見ることができるようになる。そうすることによって，セラピーの第二の主要な部分，つまり「価値に適合した行動を活性化する」ためのお膳立てが整ったのである。

　行動活性化の前には，何らかの脱フュージョンのワークが行われることも多い。なぜなら，人は自分の役に立たない物語や思考と深くフュージョンしていると，人生のきわめて重大な方向性を選ぶのにしばしば苦労してしまうことになるからである。たとえば，自分は常に犠牲者となる運命であると信じている場合，自分が積極的に自分の価値を追求できるということを信じなくなってしまうことがある。

　究極的には，本書で述べる介入には，どの順番で実施したらよいのか，という決まった順番はない。何より最初に詳細な価値のワークに取り組む必要があるクライエントもいる（第7章参照）。まずは「文脈としての自己」と接触し，役に立たない自己評価を手放すことを学んでからでないと，他のことに進めないクライエントもいる。具体的にどの順序で進めるかは，個々のクライエントしだいだろう。

　クライエントが活き活きとして意味のある人生の旅路を進んでいけるように，私たちはどのように支援したらよいのだろうか。まず，「あなたは今まさに，どこにいますか」と問うことから始める。そして，次に「あなたはどこに行きたいですか」と問うのである。それでは，1つめの質問から考えていくことにしよう。2つめの質問については，第6章で取り上げることにする。

　「あなたは今まさに，どこにいますか」という問いを考えるとき，哲学と世界観の領域に足を踏み入れることになるだろう。本章では，他章のようにワークシートやエクササイズを提供することはしない。しかし，本章でも，きわめて実践的に説明していくつもりである。実際のところ，本章

が，本書にあるすべてのワークシートと介入の基礎を成しているのである。

哲学的な出発点

　哲学の議論を耳にして，いったいこれが何の役に立つのだろう，と疑問に感じた体験は，おそらく私たちの誰にもあるだろう。「リアリティというものの本質は何か」，「人間であるということは何を意味するのか」「知識を獲得することは可能か」などと哲学者たちは問う。よく生きるために，私たちは本当にこのような問いに答える必要があるのだろうか。おそらく，そんな必要はない。

　しかし，効果的に行動するためには，その前に確立しておかなければならない哲学的前提が存在するのである。「ある前提に立つ」というのは，ある特定の場所に立つことに似ている。あなたが立っているところから見えるものもあるが，見えないものもある。他の人があなたとは違う地点に立っているとしたら，その人にはあなたに見えないものが見えるだろう。その一方で，あなたに見えるものが彼らには見えないかもしれない。人間のあり方の前提条件とは，誰もが皆，どこかに立たなければならない，ということである。そして私たちが立つ「場所」は，人生全般についてだけでなく，自分自身についての，私たちの視点，理解，体験に影響を与えるのである。

　ここで重要な点は，ある前提を評価するには，新たな別の前提に立つ必要があるということである。そして，その新たな前提それ自体も評価されねばならない。言い換えると，私たちは，自分が依拠している前提を証明することはできないということである。私たちにできるのは，自らの前提を表明することだけである[10,67,82]。

　実践家として，私たちは，クライエントと一緒にセラピールームにいるとき，いくつかの前提に基づかなくてはならない。それを避けて通ることはできない。しかし，その前提に自覚的になることはできる。自覚的になることができれば，自分がどの前提に立つかを選択できるようになる。自

分が依拠している前提に自覚的であるかどうかに関係なく，その前提は，私たちがどのようにセラピーをするのかということに影響を与えている。

本章では，2つの主要な前提のまとまり，すなわち「世界観（worldview)」について検証する。**世界観**というのは，ある現象を理解し分析するための系統的なフレームワークのことである。この世界観の重要な鍵となる2つの面は，その「ルート・メタファー（root metaphor)」と「分析の真理性や妥当性の基準 (its criterion for the truth or validity of analyses)」である[10]。**ルート・メタファー**は，日常的なモノや概念に根差しており，人がそれを用いて世界の分析を試みるための基本的なメタファーとして働くものである。**真理基準**（truth criterion）は，ルート・メタファーと結びついており，分析の妥当性を評価するための基礎となるものである。

機械主義的な考え方が持つ力

伝統的CBTでは，しばしば機械主義的な世界観を前提としている。ルート・メタファーは「機械」である。ここでいう「機械」とは，予想可能なやり方で力を伝達するように，所定の方法で組み合わされた，複数の部品から構成されているもののことである。この世界観の真実性や妥当性の基準は，理論と世界が一致するかどうかである。つまり「理論から導き出される予想は立証されるか」「その理論は多様なデータ・サンプルと一致するか」という基準である。

機械主義に基づく者は，世界——人間のマインドも含む——を巨大な機械のようにみなす。つまり，部品（パーツ），部品と部品との関係，そして，それらの関係から生み出される力，というものから，世界が構成されていると考える。ここでのゴールは，その部分（パーツ）を発見し，その部分同士が互いにどのように関係しているかを理解することである。部分は互いに独立して存在するとされ，部分と部分の間の関係が部分そのものの性質を変えてしまうことはない[67]。機械主義者は，マインド・マシーン

第5章 私たちの生活は哲学的な前提に支えられている　125

中核信念
私は愛されない

媒介信念
誰もが私を好きになるべきだ
↓
私がみんなをとてもよく扱えば，
みんなは私を好きになるだろう
↓

状況　──→　自動思考　──→　反応
知り合いと道ですれ違っ　その人は私のことを嫌っ　情動的：悲しい
たが，挨拶をしてくれな　ている　　　　　　　　　行動的：以後，その人を
い　　　　　　　　　　　　　　　　　　　　　　　避ける

図5.1：認知モデルの内的機構（J. S. Beck[8]より翻案）

について理論を立て，その理論が機能するかどうかを確かめるためにテストを行う。

　ただし，機械主義的なものの見方をとるセラピストが，必ずしもクライエントを「機械」のように扱っているわけではないということを強調しておきたい。機械主義的世界観を持って仕事をしているセラピストも，温かく，支援的で，思いやりがあるだろう。ここでの「機械主義」というのは単に，アプローチが依拠している理論的なモデルのことをいっているにすぎず，人間関係のあり方についてのことではない。この世界観は，あらゆる科学において使用されてきたものである。

　J. S. Beck の認知モデルは，図5.1に示されているように，機械主義的世界観に基づいている[8]。このモデルによれば，状況そのものが，人の反応の仕方を決定するわけではない。反応はむしろ，人がその状況をどのように認識するか，その状況についてどのように考えるか，ということによって決定される。Beck は，情報処理モデルの重要な鍵となる，いくつかの「部分」を提案している。中核信念は，自分自身と他者の両方，あるいは一方についての，絶対主義による，厳密で，包括的な信念をいう。媒介

126 パート2 アクセプタンスとアクションへ

図5.2：「マインド・マシーン」は自己の歪んだコピーを提供する

　信念は，ルール，態度，推論から構成される。自動思考は，特定の状況において，人のマインドの中で発生する，実際のことばやイメージであり，苦悩につながるものである。中核信念は，媒介信念の発達に影響するといわれており，そしてその媒介信念はその人の考え方（自動思考など），感じ方，行動の仕方に影響する。
　機械主義者のゴールのひとつは，図5.1のモデルが正確であるかどうかを決定することである。そのために，中核信念を測定し，それらが予期された方法で媒介信念や自動思考と関係しているかどうかを確認する。また，実験的に中核信念を変化させて，それが媒介信念と自動思考の変化につながるかどうか，検証を試みることもあるだろう。あるいは，クライエントが「私は愛されない」という中核信念を持っていた場合には，社会的拒絶（状況）がクライエントにどのような影響を与えるかを検討してもよい。そこでの所見がモデルと合致していたならば，機械主義者としては，このモデルが「真実の世界」に一致している，つまり，それがある人の頭の中

図 5.3：壊れている「部品（パーツ）」を修理する

で実際に起きていることと一致している，と仮定するのである。

　機械主義的な立場からすると，知る者（knower）は，世界に対する機械主義的な解釈を通して，自分の頭の中に作り出される世界にかかわるのである。すなわち，「知る者」は，世界そのものではなく，世界のコピーを知るのである。真実とは，そのコピーが実際の世界といかに一致しているかという問題だということになる。そして，互いに独立した知る者同士が，それが一致していると評価したときに真実となるのである」（文献67のp.4）。

　伝統的なCBTの多くが持っている前提とは，役に立たない認知構造（信念やスキーマなど）によって，歪みや不正確なコピーが生じてしまう，というものである。たとえば，社交不安を抱える人は，自分が人からどれほど拒絶されているかを過大評価するだろうし，拒食症の人は，自分の体重を過重に考えているだろう（図5.2）。

　マインド・マシーンが歪んだコピーを生み出しているとすると，マシーンが正確に作動しておらず，修理が必要であるということが仮定される。修理は，伝統的なCBTでは，非機能的信念に挑戦し，そうした信念をより機能的な信念で置き換えることによって達成される場合が多い（図5.3）。

図5.4：マインドはより正確な現実の表象を生み出す

　こうして「部品（パーツ）」は修理される（図5.4）。
　機械主義的な観点は，強力で成功の確率が高い。すべてを支配してしまう。機械主義的でない方法で考えることも難しいくらいである。では，なぜ機械主義的でない方法で考える必要があるのだろうか。非常に多くのものごとが，機械主義的に機能している。車が壊れたら修理工のところに行く。修理工は欠陥のある部分（部品）を見つけて交換する。実際，機械主義者が最初に作ったのは，車，電気器具，医療器具，ロケットなどであった。
　ただし，本章のゴールは，どちらの世界観が「より良い」かを評価することではない。もちろん，そんなことは現実的に無理である。私たちのゴールは，私たちとクライエントがセラピーに持ち込む，さまざまな前提の間にある差異についてより詳細に検討することなのである。

もうひとつの世界観：機能的文脈主義

　機能的文脈主義（functional contextualism）という世界観のルート・メタファーは，文脈における行為，あるいは歴史的な事象である。強調される点は「行動」，つまり，問題を解決する，何かを作る，海水浴を楽しむ，といった「何かをする」ことである[10]。このような行為が，その文脈にどう現れ，どう関与するのだろうか。真理基準は「それがうまく機能するかどうか」である。分析によって，行動の「予測と影響」が導かれるか，ということが基準なのである。予測だけでは十分ではない（影響が可能となって初めて，機能が同定できるからである）。

　機能的文脈主義者として，前提とするのは，理論（信念，自動思考など）の中の「部分（部品）」が「現実のもの」ではない，ということである。機能的文脈主義者も，思考や信念の側面からクライエントに話をすることがあるだろうが，そうした話し方は，それが「有用である」範囲でしか用いられない。ここが重要だが，機能的文脈主義者は，原因を世界の中の「ものごと」と見ることをしない。むしろ，「原因」というのは，特定のゴールと結びついた話し方なのである。ある事象の性質は「それが，文脈の中で，どのように状況化されるか」によって決定されるのである。次に挙げるHayes[60]の示した例を考えてみてほしい。

　　「火花が爆発を引き起こした」という言い方は，可燃性の物質と酸素，十分な周辺温度，などが存在したことを前提としている。これらすべてが含まれているのだから，私たちにいえるのは「爆発があった」，そして「その爆発は，火花，可燃性の物質，酸素，温度，などで構成されていた」ということだけである。そのうちのどれか1つが，その出来事全体の原因となっているわけではない。これらすべてが関与し，一緒に作用して生じたのが，その出来事なのである。他の事象が想定される場合には——真空状態で可燃性の物質を溶接していると

図5.5：「私はダメだ」＝ますます努力する

図5.6：「私はダメだ」＝努力しなくなる

きに火花が生じた，など——私たちは爆発を違う方法で語る。つまり，このような条件下では，「真空状態の喪失により爆発が起こった」と言うであろう（p.59）。

　別の例を考えてみよう。「私はダメだ」と言うというアクションを取り上げる。機能的文脈主義者は，このアクションを文脈から独立して検討することはしない。たとえば，図5.5において，「ダメだ」という言い方は，何かしらの動機づけが存在している文脈で生じている。この言い方は，その人にもっと一生懸命に努力するように動機づけるのに役立っているのである。

　対照的に，図5.6では「ダメだ」という言い方が，やる気を喪失させる文脈で生じている。結局，それによって，断念するという行動が引き起こされる。この図は，「ダメだ」という言い方がやる気を喪失させる文脈で体験される一例だが，恵まれない子ども時代を過ごし，何百回も，やる気

先行事象（どのような関連刺激が行動に先行するか）	
「ダメだ」に関する学習履歴 （図5.5の最初の2つのイラスト） バーベルを上げようと格闘し 「私はダメだ」とつぶやく	「ダメだ」に関する学習履歴 （図5.6の最初の2つのイラスト） バーベルを上げようと格闘し 「私はダメだ」とつぶやく
行　動	
情動：興奮 自動思考：「私にはこれができる」 顕在的行動：さらなる努力 （図5.5の3つ目のイラスト）	情動：恐れ，悲しみ 自動思考：「私には決してこれができない」 顕在的行動：あきらめる （図5.6の3つ目のイラスト）
結果（いかに行動が強化〔弱化〕されたか）	
成し遂げるという報酬	起こったかもしれない失敗を回避するという報酬

図5.7：先行事象，行動，結果

を喪失させる文脈で「ダメだ」という言い方をされてきた体験を持つ人を想像してみてほしい。そのような状況では，「ダメだ」という言い方は，行動をかなり強力にコントロールする役割を持つだろう。

「私はダメだ」と言うことの影響力を理解し，行動を予測し影響を与えるには，これらの行動とそれが生じている文脈の両方を検討する必要がある。おおざっぱにいうと，**文脈**という語に含まれる意味は，①今，自分がさらされている多様な刺激（先行事象）と，②それらの刺激が存在するときに，ある方法で反応することに対する強化／罰（弱化）の履歴（結果），である（図5.7参照）。

一部の機械主義的観点では，情動と自動思考は，互いに影響し合い，行動に影響を及ぼす可能性のある「部分（パーツ）」と見なされる。対照的に，機能文脈主義者は情動，自動思考といったものすべてをそれぞれ異なる行動としてとらえる。したがって，認知モデル（図5.1）とは異なり，機能的文脈主義者は，情動や自動思考を行動の原因としてではなく，むし

ろ「従属変数」としてとらえる。つまり，予測や影響の標的となる可能性のある現象ととらえるのである。

　機能的文脈主義者は，自らの目的を達成する（たとえば，人間の苦悩を低減する）ために，環境を操作する方法を探す。先行事象を操作することが可能なこともある。たとえば，図5.5のコーチに，もっと（選手を）励ますようにし，さほど懲罰的にならないように伝えることができるだろう。また，結果を操作して，ある行動を強化し，他の行動は強化しないようすることもできる。たとえば，図5.5の人物が「自分はダメだ」と考えていても，バーベルを上げ続けていたらほめてあげることができる。

　ACTとCBTを完全に，かつ整合性をもって統合するためには，共通の世界観に立つ必要がある，と私たちは信じている。本書における統合は，機能的文脈主義の見解を前提とする。これは，行動主義の基盤にあるプラグマティズムの哲学である。私たちは，伝統的なCBTの実践家が，既に持っている行動技法（CBTにおけるB）により磨きをかけ拡大できるように支援したいと考えている。また，ACTセラピストが，行動主義と文脈主義に合致する方法で認知療法の技法を活用できるように支援したいとも考えている。

　これは重要なことだが，本書に掲載されている技法の多くは，より伝統的なCBTのフレームワークの中でも使用可能である。本書では機能的文脈主義を強調するが，だからといって他の世界観に由来する技法を使用しないようにというわけではない。

行動活性化とクライエントの世界観

　私たちは皆，自分の世界観から多大な影響を受けている。強力な機械主義的な世界観を持つクライエントを考えてみよう。このような人たちは，自分には何か「修正される」べき悪いところがある，と信じていることがある。自分の心理状態を説明するために「損なっている」「壊れている」といった言い方をすることがある。何について修正が必要であると考えて

いるのかは，人によって違ってくるだろう。自分にはもっと「自信」と決断力が必要だ，と信じている人も，過去のトラウマで引き起こされた「ダメージ」を何とかして修正しなければならない，と信じている人もいるだろう。クライエントが強い機械主義的な世界観を持っている場合，まずは自分の「内的仕組み」を修正しなければ，自分の価値に沿った人生を進めないと信じていることもある。

　実践家であるあなたは，気づくと「ダメージ」を「修理する」ためのワークをクライエントとしていた，ということもあるかもしれない。ときとして，何回もセッションをしてきても，セラピーが進展していないと思うこともあるだろう。あなたとクライエントはことばの泥沼にはまっているのかもしれない。そんなときこそ，機能的文脈主義の「帽子」をかぶってみてほしい。

機能的文脈主義の「帽子」をかぶってみる

　私たちの体験からいって，最初から機能的文脈主義アプローチでセラピーを始めた場合には，クライエントがこのアプローチに関して問題を抱えることはない。しかし，クライエントがそれまでに機械主義を非常に強調するCBTのセラピーを受けてきた場合，機能的文脈主義プローチに対して，抵抗を示すことがあるかもしれない。このようなクライエントは，いくつかの非機能的な信念を変化させるか，自信を構築しなければ，自分が人生で望むことをすることができない，という観念に縛られていることがある。しかし，幸いなことに，クライエントがこのような観念に縛られていても，**同時に**，機能的文脈主義のワークを開始することはできる。重要なのは，クライエントに，「あなたが以前に行ったこと（自分自身を修正する試み）はひとまず保留にし，新しいことを試してみようという気持ちはありますか？」と質問することである。あなたとクライエントは，いつでも以前に行っていたことに戻ることができる。クライエントには，この新しいやり方はとても実践的であり，クライエントが人生から得たいこと

を達成するのに役立つよう計画されていることを伝えるとよいだろう。あなたとクライエントの両方が，進んで機能的文脈主義者の帽子をかぶってみよう，という気持ちになったならば，以下のことを常に心がけていただきたい。

- 認知，情動，行動傾向，信念，顕在的（つまり，観察可能な）行動を同じものとして扱うこと。それらすべてが行動であり，「従属変数」であり，予測と影響の対象である。あなたとクライエントは，「情動がいかに思考を引き起こすか」あるいは「中核信念がいかに自動思考を引き起こすか」を検討するのに時間を費やす必要はない。それよりも「どうしたら価値に適合した行動を増やすことができるのか」という方法を検討することにエネルギーを集中したほうがよい。

- 機能的文脈主義では，情動，認知，信念が「正確」か，「正しい」か，合理的かを明らかにする必要はない。ことばは，外的世界の「リアルな部分（パーツ）」を意味するものではないからである。機能的文脈主義は，記述を目的としない。そうではなく，うまく機能することが目的なのである。ときには信念の正確さについて語ることが有効なこともあるだろうし，そうでないこともあるだろう。つまり，あなたとクライエントは「解明する」という活動を放棄できる，ということなのである。

- 実践家は，次のようなことを前提としてはならない。機能的文脈主義者であるというのは「何でもあり」で，すべての意見が等しく妥当である（徹底的相対主義）ということが前提にはならないのである。そうではなく，機能的文脈主義者は，科学的な方法が最も実践的な方法であり，役に立たない仮説を排除し，どんな介入が最も有効に機能しそうかを臨床家に教えてくれる方法だと考える。

- 文脈の中で行動をとらえること。すなわち，その行動を取り巻く，重

要な先行事象や重要な結果を検討すべきである。

■ 「機能」という視点で，ものごとをとらえること。ある特定の文脈において，起こる特定の行動が何であるか，それによってあなたとクライエントはどうなるか。その行動に続いて，何が起こるか。顕在的な（観察可能な）行動について，それが何のために行われているか（たとえば，悪いものを回避するためか，それとも良いものを獲得するためか）を考えるのは，かなり容易なことである。しかし，信念についてはどうだろうか。信念について，私たちは習慣的に，それが大なり小なり現実を反映していると考える。しかし，これは機械主義的な考え方である。信念の「真偽」を考えないで，代わりに機能に焦点を当てることは可能だろうか。信念（あるいは，その瞬間に信じていること）を行動の一種として扱うことができるだろうか。次の馬のイラストがこれを示している。たとえば，ある特定の文脈で，ジョージは，自分は「ダメだ」と信じているとする。ジョージは「ダメ」という馬に乗っていると考えてみる。ここで鍵となる質問は「この馬（信念）は正しいか」ではない。鍵となる質問は「この馬（信念）は彼をどこに連れて行くか」である。この馬は，ジョージがゴールを達成するのに役立つだろうか（たとえば，「ダメだ」が彼にもっと努力するように駆りたてるときのように）。それとも，彼のゴールを邪魔するだろうか（「ダメだ」が彼に断念するように駆りたてるときのように）。すべては文脈にかかっているのである。

結　論

　私たちの世界観は，私たちが行うことすべてに影響を与える。本章は，あなたに自分自身の世界観に気づいてもらうことを意図している。私たちには，どのものの見方がより好ましいなどということはできない。ある特定の状況で，どれが最もうまく機能するかを答えることもできない。ここでのゴールは，あなたにものの見方の「正しい」方法を教えることではなく，あなたにより多くの見方を提供することであった。

第6章

アクセプタンスに徹することは可能か

> 私は恐れを抱くのをやめたのではない。恐れに自分をコントロールさせるのをやめたのだ。私は恐れを人生の一部として受け入れたのである――特に変化への恐れと未知への恐れを。そして，胸の激しい鼓動が「引き返せ，引き返せ。行き過ぎれば，死んでしまうぞ」と言っているにもかかわらず，先に進んだのだ。
>
> ――Erica Mann Jong（エリカ・ジョング）
> "What Do Women Want?"『セックスとパンと薔薇』

　おそらく，実践家にとって最も重要な課題のひとつは，何を変えることができ，何を変えることができないのかということをクライエントにわかってもらうことだろう。クライエントは――そして私たち人間は皆――変えることができないものを変えようとして人生の多くの時間を浪費することがある。私たちは，「ものごとはこうある『べき』だ」とか「ストレスのない（あるいは恐怖のない）人生を生きることは私たちの当然の権利なのだ」といったことを求めてしまうのである。

　本書のパート1では「私的体験というのは，実際には有害なものではなく，必ずしも行動を指示するものではない」ということを実感するためのステージを設定した。つまり，私的体験を変える必要はない，という意味である。前章では，すべての行動を（回避行動も含め），鍵となる機能的

な問いに照らして検討するためのステージを設定した。その問いとは，「ある特定の文脈において，この行動は，私が価値づけた方向へと私を連れて行ってくれるだろうか」というものである。そして，本章で探究していくのは，**徹底的なアクセプタンス**を促進することの価値である。徹底的なアクセプタンスとは，あらゆる思考，感情，記憶，身体的感覚を全面的に，防衛的になることなく，アクセプトするということである。そして，徹底的なアクセプタンスに関連して，ACTとCBTのそれぞれを基礎に持つアクセプタンス方略がどのように有効に統合できるかを検討していく。しかし，これに取りかかる前に，まずは，ほとんどの西洋社会の主流となっている前提をもっと詳しく検討しておく必要がある。その前提とは「幸福（ハッピーであること）が，私たちの自然な状態である」というものである。

幸福（ハッピーであること）は本当に自然な状態なのか？

医学モデルが心理学の主流なものの見方になっている。身体的健康と同様，心理的にも健康な状態が標準的であり，何か通常でないものによって妨害されているのでない限り，心理的健康は維持されるというのが，文化的な主流の前提である。心臓は，どこか悪いところがあったり（たとえば，心臓弁に裂け目があるなど），異常に大きなストレスがかかったりするのでなければ，きちんと機能するはずである。心理的健康についても，同様のことが前提とされている。現行の診断システム──精神疾患の診断と統計の手引き，第4版（DSM-Ⅳ；アメリカ精神医学会）[1]──は，「症状」を同定し，クライエントが「健康な」人といかに異なっているかということで診断を下すものである。心理学の主流で話題となるのは，心理的免疫システム[52]といったものである。このシステムは，嫌悪的な感情や恐怖マネジメント・プロセス[104]から，人を防御するようにデザインされている。そして，恐怖マネジメント・プロセスは，人を死に関する過度に強い恐れから防御するようにデザインされたものである。この考え方は，私たちに

は，過度の苦悩を体験しないように自分を守る認知システムが備わっており，人が心理的な疾患を体験するのは，その自然な防御システムが壊れたときだけだけである，ということを前提にしている。

　この医学的なメタファーがまったく間違っていたとしたら，どうなるだろうか。苦悩が標準なものであり，例外的なものなのではないとしたら，どうだろうか。以下に挙げるエビデンスは，このような考え方と一致している。「毎年，何らかの精神疾患と診断される人たちが3分の1の人に達する」「約半数の人たちが，人生のある時期に，自殺を真剣に考えたことがある」[79,80]。

　第2章で紹介した言語理論は「なぜ苦悩することがノーマルなのか」という理由を示唆している。私たちは，外的な世界だけで，何かを失ったり，何かに脅かされたりする体験をしているわけではない。言語によって，頭の中で何度も，その体験を繰り返す可能性もある。脅威にさらされれば，不安になるし，「自分は脅威にさらされている」という考えを抱いたことで，不安を感じることもある。また，言語によって，私たちは，自己という概念を生み出し，その自己を「ダメだ」，「愛されない」，「無力である」と評価する。こうして，私たちは，自分自身の「悪い」部分を相手に，宣戦布告してしまうようになるのである。この「悪い自己」を，自殺をすることで打ち負かそうすることさえある。言語を持つがゆえに，私たちは何千通りもの形で苦しむのである。

　これを医学のメタファーに当てはめてみよう。「苦悩」が「疾病」と同じとするなら，私たちは誰もが皆，病気にかかっていることになる。私たちは皆，2歳頃（言語が発達する時期）にこの病気を発症する。それ以降の人生の間ずっと，それを抱え続ける。この病気を治療するという選択肢はない。なぜなら，そうするためには，言語を放棄しなければならないからである。言語のおかげで，私たちは迅速にコミュニケーションができるのはもちろん，医学，園芸学，工学などで大きな飛躍を遂げることができ，その結果，文明を進歩させることができるのである（つまり，言語を放棄することなど，今さらできないことである）。

しかし，幸いにも，この医学モデルというのは心理的健康のひとつのメタファーにすぎない。このメタファーのことばは単なることばである。誰も，精神的に「病んでいる」あるいは「健康である」とみなされる必要はない。私たちはみな，人間という同じ運命の「船」に乗っているのである。

アクセプタンスを促進するためのアプローチ

認知行動療法には，アクセプタンスを促進するためのさまざまな方法がスペクトラムを成して存在している。伝統的な CBT では，しばしばアクセプタンスに関連する信念の形態や頻度を変えようとする。たとえば，「私は絶対に不安を体験してはならない」[42]，「心配すると，私は発狂してしまうだろう」[130] といった信念に対して挑戦する。クライエントが，ひとたび「人は，心をかき乱す思考や感情を変えることができない場合がある」ということを受け入れられたなら，CBT の実践家は，そうした思考や感情を減らせるよう支援しようとするだろう。本質的に，セラピストとクライエントは共に，頭を悩ます私的体験は変えられることもあれば，変えられないこともあるということを受け入れる。それでも，彼らは「思考や感情を変えることを試してみる」ことに同意するのである。

ACT は，アクセプタンスに徹するという可能性を強調する。それによって，ACT は，他の多くのタイプの CBT よりも，アクセプタンスのスペクトラムの「端」の方へ近づくのである。つまり，ACT の実践家は多くの場合，クライエントが直接的に苦悩を減らすことを支援しない。その代わりに「ACT セラピーを終えた後でも，頭を悩ます思考や感情をかなり激しく体験し続ける可能性がある」ということをクライエントが受け入れられるように支援する。実際，クライエントは価値に適合した行動ができるようになると，いっそう多くのストレスを体験することがある。アクセプタンスに徹するという視点からすると，真夜中のパニック発作を訴えてやって来るクライエントは，ACT に導かれた新たな気づきを通して，そのようなパニック発作が人生で普通に起こりうることのひとつかもしれ

ない，ということを受け入れるようになるだろう。社交不安を抱える人は，社交的な場で不安を感じ続けるだろうし，抑うつ的な人ならば，頻繁に悲しく感じ続けるだろう。

　このような考え方は，実際，徹底的なものである。そのため，多くのCBTの実践家は，直接的に不安や抑うつを減らそうとしないという考え方を居心地が悪く感じることだろう。実際，ACTを始めたばかりの実践家の多くも，この考え方に違和感を覚える。ここがACTの興味深い点のひとつなのだが，ACTは直接的にネガティブな感情を減らそうとはしないが，実際，間接的にはそうしていることになるのである。ACTが，不安，抑うつ，ストレスを減らすことは研究によっても明らかにされてきている[13,17,68,69,94,135,136]。この理由には，ACTの視点から考えて，2つの要素がある。第一に，嫌悪的な私的体験と戦うことで，その私的体験はますますその強度を増加させてしまうことがある。したがって，この戦いを放棄することで，戦いそのものがもたらしている嫌悪的感情を減らせる。第二に，自分が人生で望むもの，つまり，真に価値づけるもの（第7章参照）を多く手に入れれば手に入れるほど，かつては戦いの対象であった情動や思考が，重要でも強力でもなくなってくる。そして，人はより重要なものごとへと進んでいけるようになる。

　ここにはパラドックスがある。アクセプタンスに徹しようとすることが，嫌悪的感情を減らす目的で行われた場合，それはアクセプタンスではない。アクセプタンス（つまり，戦いの放棄）を行うことで，不安と抑うつが減るかもしれない。しかし，アクセプタンスをそのような目的で使うことはできない。そのように使われた場合，それは，既にアクセプタンスではなくなっているのである。

　なぜ，アクセプタンスがACTの重要な中核となるのだろうか。直接的に私的体験を変容しようとすること（低いアクセプタンス）は，多くの文脈で問題となる。第2章では，思考や感情をコントロールしようとすることがしばしば失敗し，実際にはリバウンド効果をもたらして，ますますネガティブな感情を増加させてしまう可能性があることを示唆するエビデ

スを示した。第3章では，認知再構成法，すなわち信念を変容しようとすることがいかに問題となりうるかについて検討した。そこで中心となった議論とは，認知再構成法は，文脈によっては，役に立たない思考の重要性やその影響力を逆説的に増大させる可能性があるということであった。ただし，第3章で見たように，認知再構成法は適切な文脈で使用されれば有効に機能するもある。

エクスポージャーも，一般的なCBT技法であり，感情のアクセプタンスの促進のために使用されることがある。しかし，非機能的な信念を変容するためにも使用される。たとえば，内部感覚的エクスポージャーには「恐れを減らし，認知再構成の方略を実践する機会を得るために，不安を喚起する内的な手がかりや身体感覚に繰り返し自分自身を曝露するように患者を指導する」ものがある[132]。社交不安に関しては，次のように論じられてきた。「あらゆる様式の回避方略（安全の信号と行動）がない状況下で，社交的な脅威に反復的かつ持続的にエクスポージャーされると，学習された警戒反応の『学習解除』つまり消去，知覚された社会的スキルの改善，さらに不安な危惧感の減少へとつながるだろう」（文献74のp.470）。

ACTにおいても，エクスポージャーが実践される。その目的は，ウィリングネスを実践し，行動の柔軟性を増加させることにある。エクスポージャーは，認知内容を変容させるために行われるのではない（ただし，副作用として，そうなることはある）。ACT介入は，どのような私的体験が現れようとも，それに対して進んでマインドフルに存在し続けようとするウィリングネスを促進するのである。次節で見ていくことになるが，ACTアプローチは，あくまで体験的なものなのである。

アクセプタンスの促進に対するCBTアプローチは，かなり言語的であるようである。ACTの視点からすると，CBTアプローチは，苦悩のアクセプタンスに関する思考（メタ思考）が不可欠なものであり，進歩をするためにはこれらの思考を変容させる必要がある，という考え方を強化している。また，CBTアプローチは，クライエントに対して，言語によって創造され，色づけされた世界の内部にとどまるように促しもする（たと

第6章 アクセプタンスに徹することは可能か 143

えば，実証的な理由づけが奨励される）。対照的に，ACT は，クライエントが，少なくとも短期的には，言語で変形された世界の外側に踏み出せるよう支援を試みる。これは２匹の魚のメタファーで考えることができる。魚は，自分が水中にいると知らずに，その生涯を水の中で過ごすだろう。水の外に跳ね出して初めて，魚はその違いを体験するのである。ACT は，人が言語という「水」の外に飛び出すよう支援するためにデザインされている。

「ほら，これが僕の話していたものだよ」

　ACT-CBT の統合アプローチは，CBT と ACT の両方のスタイルのアクセプタンスの促進の仕方を受け入れる余地がある。第３章で論じたように，認知再構成法が良いとか悪いとかいうことはない。その効能は文脈次第である。したがって，人びとのアクセプタンスに関連した信念を変容しようとする試みは，人が正確でありたいということに強く動機づけられている文脈においては特に，有効に機能することがある（たとえば，「あら，パニックを体験しても，私は本当に死ぬわけではないのですね――ほっとしました」）。残念ながら，人は，正確さ以外の理由でものごとを信じるように動機づけられていることが多い（たとえば，自分の人生を解釈したいという願望など）。このような場合には，アクセプタンスに徹するという介入が役立つ。

　アクセプタンスに徹するというアプローチにはもうひとつメリットがある。それは，特定の信念をターゲットにするのではなく，「回避システム」全体をターゲットにすることができるということである。つまり，このアプローチは，（パニックの回避のような，何か特定のものではなく）あらゆる体験のコントロールが持ちうるネガティブな側面を認識できるよう支

援しようとする。理想的としては，今現在，作動している自分のコントロール方略を観察し，そのような方略によって自分がどうなっていくのかを検討することができるようになる。「自分の体験を利用」して，何が有効に機能し，何がそうでないのかを新たに発見できるようになるのである。

ソクラテス式対話を使って「アクセプタンスに徹する」ことを促進する方法

これまでの章では，構造化されたワークシートを用いて，CBTとACTの間の隔たりに橋渡しをした。これらのワークシートは，ほとんどのCBTの実践家にとってはなじみのあるものだろうし，ACTの実践家にとっては新しいアプローチを提供することになるだろう。本節では，また別の橋渡しの方法として，ソクラテス式対話の使用を探究することにする。

Padesky[95]によれば，ソクラテス式質問法は，誘導による発見と協同的経験主義で構成されている。その中には，ACTと比較的よく適合する要素も，あまり適合しない要素もある。この質問法は，クライエントが答えるための知識を持っている質問を含んでおり（ACTに合致），クライエントが現在，あまり焦点化していない関連情報に注意を向けさせ（ACTに合致），具体的なものから抽象的なものへと焦点を移していき（ACTに合致），クライエントが以前から持っていた結論を再評価するか，または新しい考え方を構築するために，新しい情報を適用するよう支援する（あまりACTと一致しない）。

一般にACTでは，証拠を検証したり，情報処理と理由づけによって新しいとらえ方を生み出すことは最小限にとどめられる（これについては，第3章で詳細に論じたとおりである）。しかし，誘導による発見という要素を強調し，協同的経験主義を強調しないのなら，ACT-CBT統合モデルにおいても，ソクラテス式対話を使用することは有益なものとなりうる（図6.1参照）。

では次に，アクセプタンスに徹することを促進するために，どのようにソクラテス式質問法を利用するか，具体的な例を挙げて見ていく。本章はここから先，2つの部分に分かれている。前半では，各セッションにおいて質問可能な8つの「核となる質問」を説明し，各質問の詳細な目的について記述する。後半では，2つの対話例を紹介し，いかにして質問が齟齬なくセラピーに統合されていくかを示す。

セラピーのこの部分における目的とは「クライエントがこれまで自分がどのような方法で自分の体験をコントロールしようとしてきたのかに気づき，そのコントロール方略がどのような効果を持っていたかを自覚するとともに，その代わりとなるコントロール方略，つまりウィリングネスとアクセプタンスに自覚的になれるように支援すること」である。ウィリングネスとアクセプタンスはよく似ていると考えてもよいが，クライエントがその2つの語に対して異なる反応をすることもあるという点に注意が必要である。というのも，アクセプタンスが，諦めることを示唆したり，あるいは困難な情動と思考に対して受け身になることを示唆したりするものだととらえられうるためである。しかし，アクセプタンスは，役に立たないコントロール方略を放棄するように示唆するときのように，ポジティブな意味を持つこともある。対照的に，ウィリングネスは，価値のあることを行うために，出現する不愉快な感情を持ったままでいるという，より能動的な選択を示唆する。セラピストは，セラピーのある特定の瞬間にクライエントにとって最も有益なものは何かを考え，それによってアクセプタンスとウィリングネスを使い分けるとよいだろう。

ACTでは，セラピーのこの段階を説明するために「創造的絶望（絶望から始めよう）」ということばを用いる。この段階では，クライエントが多くの体験的コントロール方略の不毛さに触れるようにする。ひとたびクライエントが，自分の体験をコントロールしようと，どれほど多くの時間とエネルギーを浪費してきたか，そして，そのような体験をコントロールするために自分がどれほど多くのものごと（たとえば，価値づけされた活動）を諦めてきたかがわかれば，クライエントはコントロール方略を手放

良い質問の特徴
1．自分の思考や感情を十分に体験することが，効果的なアクションにつながる場合に，そのような体験を支援する質問（本章）
2．クライエントを自分の体験かつ／または価値に向かわせる質問（ただし，その答えが具体的に用意されているということを想定していないことが多い）（第7章）
3．言語プロセスが展開しているときに，それに気づくことを促す質問（第2章）
4．クライエントが観察者の視点をとって，自分自身と自分の私的体験との間の区別を体験するように支援する質問（第4章）
5．クライエントが自分の価値に接し，その価値に照らし合わせて生きていくことに，役立つものと役立たないものに焦点を当てるように支援する質問（第7章）
6．クライエントが体験的エクササイズを行っているときには，質問を一定期間中断してもよい。何も話さないでいる期間が長くなることもある（体験的エクササイズについては本書の各章を参照のこと）
悪い質問の特徴
1．比較することや評価することを促す質問
2．ある特定の信念に反駁するためのエビデンスを構築するように意図されている質問
3．複雑で「性急な」質問
4．あるものがクライエントについて何を意味するか，あるいは他者について何を意味するか，ということを尋ねる質問
5．敵対的な質問
6．「機関銃」のような質問——矢継ぎ早に質問を浴びせ，その瞬間の，非言語的な気づきを生じさせることを許さないもの

図6.1：ACT-CBT統合の視点から見たソクラテス式対話の良い質問と悪い質問

しやすくなるだろう。また，その代わりになる方法，すなわち，どのような体験であれ，価値やゴールに役立つ形で出現する私的体験に対してウィリングネスを持つ，という準備も整うだろう。

核となる質問とその目的

　セラピーのこの段階でのゴールは，自分のコントロール方略のほとんどが不毛であるという事実に，クライエントが接触できるように支援することである。そのコントロールがほとんど不毛であるということは，私たちからクライエントに伝える・べ・きではない。クライエントが自らそれを発見することが重要である。この段階の終わりには，クライエントは，しばしば，コントロール・アジェンダの罠(わな)にはまり込んだり，追い込まれたりしているように感じる。自分にできることは何もないかのように感じるだろう。この時点になると，クライエントはコントロール・アジェンダを手放し，自分の人生に関して，新しく創造的な「何か」を試そうというウィリングネスが持てるようになるだろう。以下の質問を用いて，クライエントが体験のコントロールのネガティブな側面を探究するのを支援するとよい。

1．気分が悪いと感じるとき，周りの人たちは，あなたに何をするように言いますか？

2．あなたは何と戦ってきましたか？

3．あなたはどのようにそれを克服しようとしてきましたか？

4．短期的／長期的に見て，あなたがしてきた対処の仕方は，どの程度効果がありましたか？

5．あなたが自分の戦いのために断念してきたことは何ですか？

6．なぜ，あなたは自分の考え方，感じ方をそれほど一生懸命に変えようとするのですか？

7．なぜ，自分の思考と感情を変えることが，それほど難しいのでしょうか？

8．あなたが考え方，感じ方を変えるという試みが役に立たないとしたら，そのとき，あなたは何ができるでしょうか？

では次に，各質問の目的を明らかに示しながら，それぞれの質問についてより詳細に検討していくことにしよう。

1．気分が悪いと感じるとき，周りの人たちは，あなたに何をするように言いますか？

この質問の意図は，クライエントに体験のコントロール方略について考えさせることである。この質問は，クライエントの人生に関係している人たちが，クライエントに対して感情や気分をコントロールするよう頻繁に言ってきたことを自覚させるのに役立つ。また，この質問をすることで，クライエントは，このようなコントロール方略が，ある社会的文脈では，完璧に理に適っている，ということを理解できるようにもなる。この理解によって，クライエントは，自分がそれらのコントロール方略を持っていることを認めやすくなる（なぜなら，このような方略は別に異常なものではないからである）。

この質問が，セラピーの最初になされるか，それとももっと後でなされるかは，文脈次第である。非臨床群を対象にしているときには（たとえば，会社など），この質問を早期に問うことが多い。このような対象者は，自分たちが効果のないコントロール方略を使っていることを認めるのをためらうものである。しかし，この質問によって，一般に参加者は自分自身に

ついてではなく，社会全般について語ることが可能になり，誰もがこれまで自分の感情や気分をコントロールするよう教えられてきたことを自覚し始めるようになる。

臨床の文脈では，自分のコントロール方略について話す準備がクライエントに既にできていることがある（この場合，質問2から開始する）。なぜなら，セラピーに来るということ自体，多くの場合，何か「問題」があるという自覚を持っているためだからである。この場合，質問1は，セラピーのもっと後の段階で使われる。「コントロール方略というのは周りの人たちから教えられてきたものであり，ノーマルなものである」ということをクライエントに具体的に説明する方法のひとつとなる。

2．あなたは何と戦ってきましたか？

この質問は，私的体験との戦いに焦点を当てたものである。クライエントは思考（たとえば，「私の癌は再発する可能性がある」，「私は愛されない」，「私は常に完璧でなければならない」，「自殺したい」，「私はもっと良い親になるべきだ」）と戦っていることもあれば，身体感覚（たとえば，パニックと関連したもの）と戦っていることもある。またさまざまな気分状態（たとえば，不安，罪悪感，抑うつ）と戦っていることもあるだろう。大切なことは，クライエントが自分の気分をセラピールームに持ち込んだら，その瞬間にアクセプタンスを実践するよう支援することである。つまり，そのような気分を回避する意図の行動をしないことを実践させるのである。この質問は，エクスポージャー・エクササイズとしても機能し，困難な感情や気分の影響力を低くし，クライエントがより柔軟になれるスペースを創造する。

3．あなたはどのようにそれを克服しようとしてきましたか？

質問2ではクライエントがコントロールしようとしてきた私的体験を同定したが，この質問3では，そのコントロールする「方略」を同定する。ここでは，クライエントに多くの方略を列挙させることで，コントロール

行動がいかに蔓延(まんえん)しているかに着目するきっかけにする。クライエントが自分の方略のリストを作成していく際に重要なことは,「体験の回避」にかかわる方略(たとえば,飲酒,何かについて考えないように努力する,気を紛らわすために仕事をする,何かの活動を避ける)と,建設的,積極的な問題解決の方略(たとえば,最善の行動方針を見つけるために誰かと話す,インターネットで情報を探す,など)とを区別することである。

4．短期的／長期的に見て，あなたがしてきた対処の仕方は，どの程度効果がありましたか？

クライエントに「機能する可能性(workability)」という考え方を紹介する。たとえば「あなたの体験に照らして,この方略はうまく機能していますか。短期的にはうまくいっても,長期的には役に立たない,ということはありませんか」と質問する。この質問のゴールは,「体験の回避」方略が「悪い」,あるいは,短期的にしか役に立たない,ということを教えることではない。なかには,有効に機能するコントロール方略もある可能性がある。もしクライエントの体験から「それは機能している」といえるならば,クライエントの体験をよりどころとしたほうがよいだろう。しかし,クライエントは一般的に,自分の方略の多くが短期的には効果があっても,長期的には効果がなく,その回避的方略を用いたために事態をよりいっそう悪化させてきたことがあるのを認めるだろう。

5．あなたが自分の戦いのために断念してきたことは何ですか？

この質問は,クライエントを「価値」と「体験の回避をしたために断念してきたもの」に注意を向けさせるきっかけとなる。この質問をする前に,まずは次のようなことを述べておくとよいだろう。「私たちの人生は,有意味で活力を与えてくれることを実行することよりも,苦悩を排除することの方をより中心的なテーマとしてしまいがちです。その結果,私たちの人生はいっそう空虚になり,結局私たちは,そもそも最初に私たちが感じていたよりも,かえって嫌な気分に陥ってしまうこともあるのです」とい

ったことである。ここで，クライエントの価値のいくつかを手短に確認しておく必要があるかもしれない（第7章参照）。ここでは，コントロール方略と価値づけされた方向を並置して，クライエントが，コントロールを試みるためにどこで価値あるものを断念してきたのかを理解できるようにすることが重要である。

6．なぜ，あなたは自分の考え方，感じ方をそれほど一生懸命に変えようとするのですか？

　この質問は，質問1の延長線上にある。話し合いでは多くの場合，なぜコントロール・アジェンダを使ってきたのかに焦点が置かれることになる。セラピストは，次の3つのことをするとよい。①クライエントの人生で，いつコントロールが教えられた，あるいは周りの人たちによってモデルを示されたのか，クライエントに同定させること，②コントロールが周りの人たちにとって有効に機能している（したがって，クライエントにとっても，それは容易に違いない）と，クライエントが信じているのかどうかを明らかにすること，③コントロールが外界ではうまく機能しても，頭の中の内的世界ではあまり機能しない場合の例を挙げること，である。たとえば，自宅に「不便な」家具があったら，それを破棄することはできる。対照的に，「不快な」気分を抱えていたとしても，それを追放することはほとんど不可能かもしれない。スピーチをするときに不安を感じても，それをやめられないこともある。外界をいくらかコントロールできることから，頭の中の内的世界も自分でコントロールできると思い込んだとしても無理はない。外界のルール（コントロールが可能である）は，多くの場合，内的世界のルール（コントロールが多くの場合に不可能である）とは異なっていることに，クライエントが気づけるよう支援する。

7．なぜ，自分の思考と感情を変えることが，それほど難しいのでしょうか？

　この質問と，この質問に関連する以下のエクササイズは，クライエント

に，いかに体験のコントロールが困難かということに触れさせるようにデザインされている。質問をすることによって，クライエントに対して，コントロールが良いか悪いかについてのルールを教えるのではなく，クライエントが自分のコントロールの体験に触れることができるように援助する。

この質問に関連するエクササイズは「チョコレート・ケーキ」エクササイズである。このエクササイズでは，クライエントに，2分間，チョコレート・ケーキについて考えないように求める（文献71のpp.124〜125）。クライエントはチョコレート・ケーキについて考えるたびに，それを認めなければならない（挙手するなど）。通常，クライエントは，ケーキについて何度も考えてしまう。

「ウソ発見器」のメタファー[71]は，公的（外的）世界と私的体験の違いを示すものである。このエクササイズは，次のように進める。クライエントに外の世界で何かをするように指示する。（たとえば，コップ一杯の水を手に入れる）。クライエントは，それを実行できるだろうか。クライエントを動機づけるために，自分が頭に拳銃を突きつけられていると想像するようにクライエントに求める。ほとんどのクライエントが，コップを手に取ることができると言うだろう。次に，自分が完璧に不安を探知できるウソ発見器につながれていると想像するように求める。ここでクライエントは，不安やストレスを高くしないようにと言われる。ここでも，拳銃が「動機づけ装置」として登場する。クライエントはすぐに，このような状況では，どんなに動機づけられようとも，不安をコントロールすることは無理だ，ということを理解するだろう。このエクササイズは，公的体験と私的体験ではそれぞれルールが異なっていることを具体的に説明する。公的体験のルールとは，通常，「あなたがそれを望まないのならば，あなたはそれを除去できる」となる。一方，私的体験のルールは，通常，「あなたがそれを望まないのなら，かえって，あなたはそれを持つようになる」となる。たとえば，スピーチをするにあたって，あなたが不安を感じないようにと懸命に努力すればするほど，あなたが不安を感じる可能性はますます高くなってしまうのである。

第6章 アクセプタンスに徹することは可能か 153

　ここで「『食べられるな』マシーン」のメタファーが、しばしば有効となる。マインドを「『食べられるな』マシーン」として考えてみよう。これは野生の原始時代に、食べられてしまうという事態を回避して生き延びるために発達したものである。その務めとは、絶えず脅威に目を光らせ監視して、一種の警戒信号システムとして働くことである。私たちはそのスイッチを切ることができない。なぜなら原始世界では、そのスイッチを切ってしまったら食べられてしまっていただろうからである。この『『食べられるな』マシーン』は絶え間なく作動して、評価をし、比較をし、評価をし、比較をしている。このマシーンは、必要以上に頻繁に警戒信号を発する傾向がある。というのも、本当に警戒すべき機会を見過ごしてしまうくらいなら、誤報の方がまだ問題が少ないからである（もし、そのようなことがあったら、私たちは食べられてしまうだろう）。「『食べられるな』マシーン」は、私たち人間の一部なのである。私たちには、そのスイッチを切ることができない（そしておそらく、そうしたいとも思わないだろう）。誰もが、それから逃げられないのである。しかし、この機械が作動していることに気づき、観察し、それに影響されないようになることは可能である（「観察者としての自己」については、第4章を参照）。

8．あなたが考え方、感じ方を変えるという試みが役に立たないとしたら、そのとき、あなたは何ができるでしょうか？

　この質問は、クライエントがコントロールに代わる方略、つまり、ウィリングネスとアクセプタンスを体験するのに役立つ。この質問は、次のようなことを述べて導入するとよいだろう。「人生のゴールは、意味のある人生を生きることです。横道に入り込んでしまうと、人生のテーマは悪い思考や感情を取り除くことだと考えてしまいます。私たちは長年の間、このような『コントロール・ゲーム』をしてきました。私は間違いなくそれをしてきました。そしてあなたもそうだったと、あなたは話してくださいました。私たちは、間違ったゲームをしてきたのだとしたら、どうでしょうか」

図6.2a：モンスターと綱引きをしようとする

図6.2b：ロープを手放し、ロープは穴の中に落ちる

　クライエントがコントロールとアクセプタンスとの違いを体験できるよう支援する方法は，多数ある。図6.2aと図6.2bは「モンスターとの綱引き」メタファー[71]）をイラストで示している。このメタファーは，セッションの中で，身体を使って実演してみてもよいだろう。実演には，ふせん紙，紙1枚，フェルトペンやマーカー（太書用のペン），テープ，ロープを用意する。最初にセラピストはクライエントに，自分が戦ってきた思考と感情をリストアップしてもらう。そして，それらの思考をふせん紙に1枚に1つずつ書きとめる。次に，クライエントに紙とペンを渡して，その戦いに関連した価値づけされている方向を書きとめてもらう。価値づけされた方向を壁にテープで貼り，セラピストのシャツに嫌悪的な思考や感情のふせん紙をつける。セラピストがモンスターの役を演じるのである。
　セラピストもクライエント

も立ち上がり，そして，それぞれがロープの端を持ち，綱引きをする。少しの間，綱引きをし，その戦いをどのように感じるか，クライエントに体験させるとよいだろう。そのうえで，次のように質問するのである。「ここで私たちが戦っている間に，あなたの価値［壁にテープでとめた紙を指して］には何が起こりましたか。あなたはそれにいくらか近づきましたか」　それから，代替案について話す。ロープを放す，つまり，戦いを放棄することである。

図6.2ｃ：一緒に旅をしないかとモンスターを誘う

　アクセプタンスというのは，悪い状況に寛容になること，甘んじることではない。アクセプタンス（と，その類義語であるウィリングネス）のテーマは，私たちの私的体験を完全に，その瞬間に，防御なしに体験することを「選択する」ことである。アクセプタンスには，内的体験をコントロールする努力を放棄し，自分と自分の内的体験に対して受容的で愛情のある姿勢をとることが必要なのである。内的体験は，私たちから分離されたものではない。私たちの一部である。

　重要なことは，クライエントに対して，自分が体験する苦悩や苦痛の量を選択することはできないかもしれないが，ウィリングネスなら選択することがいつでもできる，と強調することである。しかし，ウィリングネスの選択は，全か無かの選択である。たとえば，あなたは次のように考えるとしよう。「自分の子どもの癇癪がさほど大声にならないのなら，それを無視しようとすることにウィリングネスになろう」である。この問題点は，どこまで騒げば自分の望むものを手に入れられるか，子どもは正確に学習

してしまうということである。同様に，過度の不安を体験するのでなければ，ブラインド・デート（デート相手を第三者が選び，手はずを整えてくれるデート）に出かけよう，ということになれば，皮肉にも次のようなプロセスが生じてしまうことになりかねない。デートの最中に，不安が過度にならないよう警戒をし，不安が高まり始めるとそれを監視しようとしてコントロール方略を実行するかもしれないのである。そうなると，そのデートの焦点は，不安を低くとどめておくことになってしまう。皮肉にも，これが不安の増加へとつながりかねないのである。

ウィリングネスは渓谷を飛び越えるようなものである[71]。そのジャンプは1回しか飛ぶことができない。ジャンプの大きさを選ぶことはできる（たとえば，非常に小さいジャンプ，あるいは非常に大きくリスクの高いジャンプ，など）。しかし，常にそれは，飛ぶのか，それともまったく飛ばないかのどちらかである。

以下の2つの対話は，創造的絶望，ウィリングネス，そしてアクセプタンスが，クライエントの人生に，どのように持ち込まれるかを具体的に説明している。1つ目の対話は，創造的絶望に焦点を当てており，先の節で説明した8つの質問と緊密に結びついている。2つ目の対話では，ウィリングネスとアクセプタンスに焦点を当てて，1つ目の対話で起きることをあらためて説明している。鍵となる重要な質問については，太字（ゴシック体）で示した。

対話：創造的絶望（「絶望から始めよう」）

スーザンは，36歳，女性で，不安と戦っている。治療を求めて，あなたのもとを訪れる。彼女の生活は，自分の症状とその症状を制御しようとすることで埋め尽くされている。スーザンとの初回のセッションで，情動の制御には「望みがない」ということに，彼女が接触できるように支援することに焦点を当てる。

セラピスト：あなたは今日，なぜこのセラピーにいらっしゃったのか，その理由を是非ともお聞きしたいと思っています。**あなたは，これまで何と戦ってきましたか？ 私に教えてくれませんか？（質問2）**

クライエント：ええ……，私は，いつも不安を抱えている人間でした。でも，最近，いよいよ，その不安がコントロールができなくなっているように感じるのです。何もできません——今日，ここに来るだけでも，ひと苦労でした。四六時中パニック発作が起きて，フラフラです。いったい，どうしたらいいのか……。

セラピスト：もっとお話を聞かせてください。

クライエント：ええっと，買い物には出かけます。かろうじて，何とかそれだけはやれていますが，それも大変なんです。パニック発作が起きるのを避けられるように，できるだけ，すばやく入って出てきます。私には決まったやり方があって，いつも同じ食料品店にしか行きません。そこは自宅から近いですし，出口がどこにあるか，そのすべての位置を正確に把握しているからです。私の生活の残りの部分は，パニックにまさしく支配されてしまっているのです。

セラピスト：そのような気分が，あなたの生活に大きな影響を与えてきたようですね。あなたはそれを怖がっているのですね。それは，どのような感じなのでしょうか，私にもっと正確に教えてもらえませんか。

クライエント：ひどいんです。大きな波のようになって，まさに私に押し寄せてきます。いつまでも果てしなく続くように感じられます。私はコントロールできなくて，ひたすらぐるぐる回っているだけで，自分がいったいどこに行ってしまうのか，わからないのです……。

セラピスト：なんともなりそうにないように感じられるのでしょうか。

クライエント：はい。

セラピスト：何か恐ろしい力が，常にそこにあるような感じがする。そういうことですか。

クライエント：ええ，その通りです。それくらいひどいんです。

この時点で，セッションのスピードを落とし，クライエントが戦っている感情をマインドフルに探究するとよい。これには，次の２つの機能がある。第一に，回避されている中核的感情と思考を明確にすること，第二に，セッションの最中に気づきを生み出し，感情や思考のエクスポージャープロセスを開始することである。

セラピスト：この気分があなたに押し寄せてきたとき，あなたはこれまでどのようにそれを克服しようとしていましたか？（質問３）
クライエント：以前は，救急車を呼んで病院に直行していました。でも，２，３回そのようなことがあった後，それはすべて私の頭の中のことだと言われたのです。それで，もうそうすることはやめました。今はかかりつけのお医者さんに電話をするか，誰かに直接お医者さんのところへ連れて行ってもらって検査を受けます。こういうことが頻繁に起きます――だから，誰もが私を精神病患者だと思っています。リラックスのために，お医者さんからもらったリラクゼーションのテープを使っています。自分自身をコントロールしようと思い，ポジティブに考えて自分自身を落ち着かせようとします。外出しているときにパニック発作に襲われたら，ショッピングセンターの壁際にぴったりくっついて，一番近い出口に移動し，車に直行して，自分の頭を両膝で挟みます。そのあと，一緒に買い物につきあってくれている誰かに自宅まで連れて帰ってもらいます。
セラピスト：生き延びるために，最善を尽くしているのですね？
クライエント：はい。でも，私はそれだけしかしていないように感じるんです――生き延びようと努力し続けることだけです――でも，私が何をしようと，私にはそれを取り除くことはできないのです。消えてくれないのです。

第6章 アクセプタンスに徹することは可能か　159

セラピスト：何とかそれを追い払おうとして，あなたが行っていることについて，もっと教えてください。あなたは，**それを克服するために，その他にどのような努力をしてきたのですか？（質問3）**

クライエント：ええ，私は車を運転をするのをやめました。最初のパニック発作が起こったのは，ある晩に私が映画館から帰宅する途中だったんです。その後，私は1人でいるときに，パニック発作を体験することが多くなりました。そのため，どこへ行くにも夫に一緒に行ってもらうようにし始めたのです。でも，夫はこのことをすごく嫌がっていました。それから，娘がいるというストレスがパニックを悪化させていると感じたので，娘を託児所に預ける日が多くなりました。今では，夫が四六時中，娘の面倒をみてくれています──私たちは別居することにしたのです。私は，家を掃除して片付けると気分がよくなるので，出かける前には，家を完全に片付けて，ゴミがまったくない状態にする必要があるんです。私は常にものごとを計画通り，時間通りにしないといけないので，本当にたいへんなんです。これは自分でも気づいているのですけれど，本当にきっちりと決められたスケジュールがあって，それを忠実に守ると，少し気分がよくなるんです。私は，テープでリラクゼーションを日に2回やり，ポジティブな文章を読んで，それから自分に対してそれを言ったりもします。ポジティブでいよう，と努めているんです……。今は，家にばかりいて，週に1回食料品店に行くだけのような感じです。あっ，それから，お医者さんのところにはよく行きます。常にチェックしてもらわないと，悪くなるように感じるからです。そのお医者さんは私にひどくうんざりしています──自分でも，バカだなと感じます──しょっちゅう，そのお医者さんのところへ行くからです。こういったことすべてに，げんなりしてるんです。

セラピスト：あなたは，その恐怖をマネジメントして，コントロールしておこうと努力して，信じられないほどに頑張っていらっしゃるので

　　　　すね――瀬戸際で食い止めようと，あらゆることをなさっている。掃除をし，診察を受け，きっちりと日課をこなして，外出は最小限に控えて。げんなりするのも，よくわかりますよ！
　　　　ところで，恐怖とか，パニックとかを追い払うという点で，今までやってきた対処の仕方はどのように機能してきたのでしょうか？　教えてもらえますか？（質問4）
クライエント：ええ，こういったことをすると，自分がよりコントロールできているような感じがするのです。
セラピスト：そうですね。これまで話題にしてきた気分については，どうですか。それは消えました？
クライエント：いいえ。まだあります――でも，私がやっている，こういったことをすると，しばらくの間は，それが治まることもあります。でも，やはり残ってしまいますね。
セラピスト：あなたが役に立つと思ってやっていることは，ある程度は効果をあげているんですね。短期間，気分をよくするという点では。しかし，より長期的には，その気分がまだ長引いているということなんでしょうか。
クライエント：はい。まだあります。いつでも，ほんのちょっと一皮めくればその下にあるんです。

　ここで，「穴に落ちた人」のメタファー[71]を使うとよいだろう。セラピーの時に起こっている体験をメタファーと関係づけることが重要である。紙面の都合上，ここではそのメタファーの簡略版を紹介する。このメタファーを行っている間，クライエントには目を閉じ，質問をしないように求める。そうすることで，クライエントは完全に没頭し，自分自身の体験をこのメタファーに重ね合わせることができるのである。このような空間の展開をさらに助けるために，メタファーの前に，短いマインドフルネス瞑想を行う。

第6章 アクセプタンスに徹することは可能か

セラピスト：私からあなたにお伝えしたいと思っている物語があるのです。もしよろしければ，目を閉じていただけますか……。では，部屋の周囲の音に注意を向けてみてください……あなたの身体がどんなふうに感じているかに注目してください……あなたの背中が椅子の背に触れているときの感じ……あなたの両足が床に触れているところ……自分の呼吸にも注目してみてください……息を吸って……止めて……吐いて……。

それでは，次のような想像をしてみてください，あなたは生まれたときに目隠しをされ，野原に置かれていました……。唯一あなたが手に持っているものは，道具袋です。この野原には，あなたはご存じないのですが，とても深い穴がとびとびにたくさん点在しています。そのため，あなたは人生の旅路へと踏み出してすぐに，自分がそれらの穴のひとつに落ちてしまったことに気づきます。その穴は，とても暗く，とても深く感じられます。あなたはどうしたらいいのかわかりません。そこであなたは，自分が持っていた道具袋の中を探り，シャベルを見つけます。そして，当然のことながら，あなたは掘り始めます……穴からの抜け道を掘ろうとするのです。どんどん，どんどん掘っていきます。そして，すぐに，あなたは気づきます。穴から出られそうになるどころか，実際には，さらに奥深くへと掘り進んでいるのです。そこで，あなたは考えます。「これは，まだまだ掘り方が足りないせいだ」と。そして，あなたはさらに必死に掘ってみます。それでも，うまくいきません。あなたは，こう考えます。「これは，もっと工夫が必要なんだな」と。そこで，あなたは斜めに掘り始め，土の中から外に出る階段を作ろうとします。けれども，これも，うまくいきません。あなたは，どうしたらいいのかわからず，叫び始めます……助けを求めて叫ぶのです……すると，あなたのご主人やお医者さんが穴の入口に現れます。穴はとても深くて，ふたりともあなたに手が届きません。そこで，彼らは，何とか助けよう

と試みながら，大きな声であなたを励まします。ポジティブに考えるようにしなさい……とにかくリラックスするように……何もかも大丈夫だから。お医者さんは，薬のビンを穴の中へ投げ入れ，あなたに渡そうとさえします……しかし，あなたは気づきます。ふたりの精一杯の善意にもかかわらず，自分の精一杯の努力にもかかわらず，自分はまだ穴の中にいる。ヤケになり，あなたは，何か他に自分に役に立つものはないかと再び道具袋の中を探します。すると，過去にあなたが使って役に立った，他のものがいくつか見つかります。リラクセーションのテープ……ポジティブな文章……。そして，あなたは，これらを使っても，自分は穴から出られないことに気づきます。あなたは，その場にへたり込みます。疲れきって，くたびれ果てて…。そして，そのまま時間が過ぎていきます……やがて，あなたは気を取り直して，シャベルを再び手にし，掘り出します。そうする以外，他に何をしたらいいのか，わからないからです。

　もしかすると，シャベルを手放すときがきているのかもしれません。道具袋も，捨てる時期かもしれません。……（間）……そろそろ目を開ける準備をしましょう。あなたが目を閉じる前の部屋の様子をまざまざと思い浮かべてください。そして，室内の音と，椅子に座っているあなたの身体が感じることに注目してください……そして，準備ができたら，目を開けて，現在のここに戻ってきてください。

　このメタファーは，どうでしたか。どんな体験だったかを教えてもらえませんか。

クライエント：私にも，これが役に立っていないということはわかります。私は努力を続けているんです……その気分がなくなるように……掘り続けることのように……でも，それは意味がないのですね。

セラピスト：ええ，その一方で，それは完全に理に適ったことでもあります。というのも，私たちは，掘る以外に何をしたらいいのか，わから

ないからです。

クライエント：ええ，でもヘトヘトになるし……，混乱もします。

セラピスト：もっと聞かせてもらえませんか。**この戦いのせいで，あなたが人生において失ってしまったと感じるもの，あるいはあきらめなければならなかったと感じるものを教えてもらえませんか？（質問5）**

クライエント：人生です。結婚生活，子ども……（泣く）……夫も遠ざけてしまいました。私があまりにもあれこれと要求したからです，対処できなかったのです。娘の世話もしてやれませんでした。ストレスで，ますますパニックがひどくなったからです。

セラピスト：このことが，あなたの人生にひどい犠牲をもたらしたのですね——人生が台無しになってしまった。あなたは，この恐怖をコントロールしようとして，できることはすべてやっています。それでも，まだその恐怖はあなたのまわりをうろついているのですね。

クライエント：私は，かつては，とても自立していたのです——人生の中でどんなことも，うまくこなせていました。……（泣く）……今は，誰もそれを信じてはくれません。ただ克服しろ，と言うんです……。

セラピスト：**周りの人たちは，あなたに他に何をするように言っているのですか？（質問1）**

クライエント：ああ，もういいから落ち着きなさいとか，ポジティブに考えなさいとか，何か他のことについて考えてみなさい，気晴らしをしなさい，ボランティアの仕事をしてみなさい，セント・ジョーンズ・ワート［訳注：西洋オトギリソウ。軽度から中程度のうつ病，更年期障害，自律神経失調症に効果があるハーブとして，古来よりヨーロッパで用いられる］を飲んでみなさい，催眠術を試しなさい，とか……。

セラピスト：どれもそう難しいことではなさそうですよね。もう，実際にやってみたのですよね。そうでしょう？

このセッションで導入した考え方は，スーザンの問題にとって，制御することは解決策ではないかもしれない，ということである。セラピーのこの段階で，私たちが作ろうとしているのは，スーザンが，自分の現在のマネジメント方略が機能する可能性が疑わしいと思い始めることができるようなスペースである。セラピーの次の段階では，コントロール・アジェンダに代わる方略，つまり，ウィリングネスとアクセプタンスを提供する。

対話：フォローアップすること，そしてウィリングネスとアクセプタンスへと向かっていくこと

スーザンは，1週間，自分の情動的な回避を検討して過ごし，コントロール・アジェンダの不毛性についてさらに探究する準備ができた。この洞察を強固にして，セラピーの次の段階である「ウィリングネスとアクセプタンス」へと進んでいくのにふさわしい位置に立てたといえるだろう。

セラピスト：この1週間はどうでしたか。
クライエント：別に，大丈夫だったと思います。実際，何も変わりありません。
セラピスト：あなたが気づいたことを聞かせてくださいませんか。
クライエント：そうですね，あの気分を，パニックを，コントロールしようとして，自分がどれほど多くのことをしているのか，より自覚的になったように思います。私の人生の中で本当に大きな部分となってしまっています。あんなことをするのに自分の時間をこんなにも多く費やしてきたことに，以前は気づいていなかったと思います。
セラピスト：そうですよね。私たちは，自分の人生をこんなことをするのに費やしているんですよね。
クライエント：ええ。
セラピスト：前回のセッションで，私たちは，重大なことについて話し合い

ました。**あなたが考えたり，感じたりしていることを変えようとしても，多くの場合，それはうまくいかないということです。**では，私たちにいったい何ができるのでしょうか？（質問8）

クライエント：ええ，わかっています。それを受け入れる，ってことでしょう？　でも，どうやって？

セラピスト：それについて，少し時間をかけて話をしていきましょう。ちょっとの間，次のような想像をしてみてください。あなたの感情の世界はステレオのボリューム調節ダイヤルのようなものだと思ってください。その目盛りを動かせば，それに応じて音が大きくなったり小さくなったりします［ホワイト・ボードに目盛りの絵を描く］。この目盛りのように，あなたの感情は，ボリュームのように0〜10まで変化します。「10」は，非常に大きな苦悩を与える感情です。そして「0」は静寂──すなわち苦悩のない状態です。そこで，あなたが私に話してくださったことから考えると，あなたは目盛りを下げ，自分のネガティブな感情を減らそうとして，多くの時間を費やしてきました。私の言っていることは，合っていますか。

クライエント：はい。

セラピスト：結構です。ではこの目盛りを「苦悩のコントロール・スケール」と呼びましょう。

クライエント：わかりました。

セラピスト：ここでお聞きしたいことがあります。あなたが，（パニックのせいで）本当に大変だったあなたの人生の中で，何かを最後にやり遂げたのはいつでしたか？　大変だったけれど，でもそれがあなたにとって重要だったので，とにかくあなたはそれを実際にやった，というときです。

クライエント：そうですね，娘の誕生パーティーのときです。別れた夫が娘のために家でパーティーを開いたのです。そして，私にとって行くことがとても大切だったんです。私は，パニック発作が起きて，

　　　　　　フラフラになったらどうしようと恐ろしくなって，ひどくおびえ
　　　　　　ていたのですが，それでもとにかく行きました。
セラピスト：素晴らしい！　それでは，このスケールを見てください。「10」
　　　　　　が「本当にひどい」だとして，あなたの苦悩は 0 から 10 のうち，
　　　　　　どのくらいの強さでしたか？
クライエント：ええ，少なくとも 9 でしょう。
セラピスト：結構です。では，その日を振り返って，この苦悩，その 9 の強
　　　　　　さを下げようとして，あなたはどのようなことをしたのか，お話
　　　　　　しください。
クライエント：ああ，たくさんやりました。その下準備をするために，その
　　　　　　日まで何日間も何時間も瞑想をしました。ポジティブに考えよう
　　　　　　と努力もしました。もう少しきちんとして，コントロールできて
　　　　　　いると感じられるようになろうと，1 週間ずっと掃除もしました。
　　　　　　当日の朝は，食べ過ぎて気分が悪くなったり，興奮したり，酔っ
　　　　　　たみたいに感じることがないようにしました。そして，呼吸スキ
　　　　　　ルに本気で集中したのです。
セラピスト：なるほど。では，教えてください。その苦悩は 9 から下がりま
　　　　　　したか？
クライエント：はい，少し。7 くらいまで。
セラピスト：それは，そのままでしたか。そのとき誕生パーティーの間中 7
　　　　　　にとどまっていましたか。
クライエント：いいえ。早朝の数時間は 7 でしたが，その後，出かける時刻
　　　　　　が近づくにつれて，またしても 9 に近づいてしまって，それから
　　　　　　はずっと 9 のままでした。
セラピスト：それは，あなたがご自身の苦悩レベルを 9 から下げるために行
　　　　　　ったいろんなことは，しばらくはうまくいったけれども，その後
　　　　　　は役に立たなくなってしまった，ということでしょうか。
クライエント：はい。
セラピスト：あなたは感情をコントロールするのに，いろんな苦労をなさっ

たようです。単に下げればいいというステレオの目盛りとは違って，苦悩のスケールは自分でコントロールできるようなものではないようだった，ということになりますか。そのスケールには，コントロールの調節ダイヤルがない，ということでしょうか。ダイヤルを下げたけれど，下がったままにすることができなかった，ということですね？　コントロールしようとしてみたけれども，何の効果もなかったようでしたか？

クライエント：ええ。

セラピスト：それでも，あなたの人生の時間とエネルギーの多くは，この苦悩のスケールをコントロールしようとすることに向けられているのでしょうか，コントロールができないことの方が多いのに？

クライエント：ええ，その通りです。

セラピスト：もし，別のスケールがあったとしたら，どうですか。[最初の目盛りとまったく同じ形をしているものをもう1つ書く] このスケールを「感じることに対するウィリングネス」スケールと呼ぶとしたら，どうでしょうか。

クライエント：まあ……。

セラピスト：このスケールは，苦悩スケールと見た目は同じです。その違いは，0から10で感情的な苦悩を示す代わりに，それはあなたの「感じることに対するウィリングネス」のレベルを示しているのです。

　それでは，このスケールに照らして，パーティー当日の苦悩を感じることに対するあなたのウィリングネスについて話しましょう。あなたのウィリングネスが尺度上で「0」だったなら——あなたに苦悩を進んで感じようという気持ちがまったくなかったなら——何が起こっていたと思いますか？

クライエント：私は出かけていなかったでしょう。

セラピスト：まさに，その通りです。ということは，あなたには，ある程度のウィリングネスがあったということですね？

クライエント：そう……そうだと思います！ でも，だからといって，私が苦悩したいとか，それが好きだ，とかいうわけではありません。それを感じるのは嫌でした。
セラピスト：それでも，あなたはパーティーには行きましたよね？
クライエント：はい。
セラピスト：ということは，あなたは「選択」したのです──パーティーに行くということを「選択」しただけではなく，それに伴う苦悩に耐えることも「選択」したのです。ですから，あなたが信じようと信じまいと，自分の感じている苦悩に直面しながらも，行くことを「選択」したという事実は，そのパーティーに出席するためなら，その苦悩を進んで感じようという気持ちがあなたにあったということを示しているのです。そうでなければ，あなたは決して行ったりしなかったではありませんか。
クライエント：ある程度は，進んでそうしようという気持ちがあったと思います。まさか，自分にそんな気持ちがあったなんて，気づいていませんでした。自分が苦悩を感じることを「選択」しているなんて，気づいていなかったんです。実際，自分には選択の余地など，まったくないと思っていたものですから。
セラピスト：しかし，あなたは「選択」したのです。あなたは「選んだ」のです。教えてください。そのパーティーがあなたのお嬢さんのためのものではなかったとしたら，あなたはどうしていたと思いますか？ ……もし，それが，あなたの人生で大切な人ではあるけれども，お嬢さんほどには大切ではなかったとしたら？
クライエント：行かなかったでしょうね。私は，自分をそんな目にあわせたりしなかったでしょう。
セラピスト：確かに。それだけの価値はなかったでしょう。あなたが進んで苦悩を感じようとすることを選んだ理由は，ただ1つ，非常に重要なこと──お嬢さんとの関係という価値──がかかっていたからです。

そこには，こんなにも大きな勇気があったのです。そうは思いませんか？

クライエント：ええ……あったんでしょうね……。

セラピスト：あなたはご自身にとって重要なもの──あなたのお嬢さん──のためなら，苦悩に対してウィリングネスであろうとしていたのです。

クライエント：ええ，今思えば，そうだったんでしょう。娘は，私の人生で一番大切なものですから。

セラピスト：そうですよね。そして，苦悩に対してウィリングネスであるということは，あなたが苦悩を好きとか，それを感じたいということではないのです。ただ，あなたはそれを持つことにウィリングネスであった，ということなんです。

クライエント：なるほど，わかりました。

セラピスト：ですから，このスケール──ウィリングネスのスケール──は，自分のウィリングネスのレベルを自分で選べるという点で，苦悩のスケールとは違うのです。

クライエント：では，私は，ウィリングネスであろうとしたり，そうでなかったり，それって「選択できる」のですか？

セラピスト：はい。それは，あなた次第です。私たちは，自分がどのように感じるかを多くの場合コントロールできません。しかし，感じようとする自分のウィリングネスならば，コントロールできます。私たちがこれまで努力して理解しようとしてきたのは，このことなのです。そして，ウィリングネスというのは「ジャンプして飛び込んでいく」のようなものです。時間の流れの中でその瞬間に，自分が何を感じていたとしても，それを受け入れることを選択し，自分のハートとソウル（魂）のすべてをかけて，体験の中へ飛び込んでいくのです。そして，次の機会がめぐってきたら，再び，ウィリングネスという選択をする必要があるかもしれません。答えは，イエスかもしれませんし，ノーかもしれません。けれども，

少なくともあなたは「選択できる」のです。そして，その選択は，あなたの人生に，そしてあなたにとって重要なものに，跳ね返ってくるのです。

　このセッションは，コントロールに代わる方略として，ウィリングネスを探究している。ウィリングネスをめぐる議論の中で，個人的な価値についても予備的に探究している。個人的な価値は，ウィリングネス，そしてACTの介入全般にわたる基盤となるものだからである。これらのセラピーの最初の2回のセッションの間，私たちはソクラテス式質問法を織り交ぜて実施した。この質問法については先にその概要を述べた。ソクラテス式質問法は，介入を具体化し，形づくるのに役立つ。柔軟に用いて，体験的なスペースの内部にところどころ構造を持たせることができるのである。

結 論

　西洋文化のほとんどは，ポジティブな気分を強調し，ネガティブな気分を排除するように試みることを奨励する。ポジティブな姿勢をとりさえすれば何でもできる，と数多くのセルフヘルプ（自助）の本に書かれている。たとえば，株式市場で百万ドル稼げる，癌に勝てる，人生からストレスを排除できる，というようにである。親はしばしば男の子に対して，恐れを感じるべきではないと言い，女の子には，怒りを感じるべきではないと言う。大人たちはお互いに，自分の人生は何につけてもすべて完璧にうまくいっている，というふりをする。とはいえ，私たちは，その表面的なものの陰で，驚くほど高いレベルの不安，抑うつ，怒りを体験していることもわかっている[79,80]。Henry David Thoreau［訳注：ヘンリー・デイヴィッド・ソロー。19世紀のアメリカ人作家・思想家・詩人・博物学者］が言ったように，「ほとんどの人間は，静かなる自暴自棄の人生を生きる」ことは，おそらく真実なのだろう。

　私たちは，次のような矛盾に直面している。私たちは，社会全体で何十

年もの間，より幸福に感じる（ハッピーになる）ように努力してきた。しかし，私たちが実際，より幸福になりつつあるというエビデンスはどこにも存在しない[33]。本章は，セラピストとクライエントが「幸福をコントロールするためのアジェンダ」の袋小路（絶望的な状態）に接触する際に役立つようにデザインされている。私たちは，直接に幸福になろうという努力をいったん放棄すれば，自分のエネルギーを他のことのために使えるようになる。もはや，ストレスの大きなことや失望を生みかねないようなリスクを冒すことを回避しなくてもよい。苦痛な情動を抱えつつ，なおかつ自分の最も深く抱いている価値を追求していけるようになれるのである。

第7章

価値とコミットメント

> 何よりもまず，汝自身に対して正しくあれ。
> さすれば，夜が昼に続くごとく当然に，
> 誰にも偽ることなどありえぬ。
> ——William Shakespeare（ウィリアム・シェイクスピア）
> "Hamlet"（『ハムレット』）

　私たちは，しばしば，自分が最も望むものとの接点を失ってしまうことがある。真の自己との接触を失い，子どものころ抱いていた希望や夢を忘れてしまう。おそらく，私たちは，自分のことばによって創造された世界に，目をくらまされてしまうのだろう。Patrick O'Brian［訳注：パトリック・オブライアン。英国の海洋冒険小説家］作の"H. M. S. Surprise"の登場人物Stephen Maturin（スティーブン・マチュリン）が，私たち人間の条件について，次のように簡潔に述べている。「まさに大多数の人間は，自分が活き活きと生きるようになるずっとずっと前に自らを諦めてしまう。子どもとして生き，少年としてほの暗く光を放ち，恋愛で生命のきらめきを見せる。そして20代にして死ぬ。憤慨し，安らぎのないまま，地上を徘徊するみじめな者たちの仲間に加わるのだ」[92]。

　本書の第1章〜第5章では，私たちは，自らの言語世界を「吹き飛ばす」ことについて学んだ。そして，第6章では，自分の私的体験をコント

図7.1：自分の価値に向けて自分自身を放つ

ロールするという破壊的な試みを放棄するプロセスを探求した。これまでの章はすべて，セラピストとして私たちが，クライエントのために，あるスペースを創造するのに役立つようデザインされていた。それは，クライエントが人生で真に自分が望むものを探究し，長期的な人生の方向性によりうまくコミットするためのスペースである。つまり，これまでの章は，本章でこれから検討していくことの基礎を作るためのものであった。クライエントが人生で最も価値を置いているものを同定し，それに基づいた行動にコミットしていけるように，クライエントを支援する方法を発見するのである。クライエントが明晰になれるように支援していくなかで，私たちもまた，私たち自身の人生——自分の価値を自覚することと，それらの価値に基づいて行動することの両方——において，よりいっそう明晰になれるだろう。

図7.1のメタファーのイラストを用いて，クライエントに価値を導入するとよい。「的(まと)」は，クライエントの価値の比喩である。「的」がないと，射手はどちらへ向かって弓を射たらよいのか方向が定まらない。でたらめな方向に射て多くのエネルギーを浪費し，何も達成できないかもしれない。そこで，最初の一歩は「的」を定めること，つまり，クライエントが「人生で求めるものは何か」を同定することである。本章の前半では，この問題に取り組む。クライエントが「的」を定めることができたら，今度はそれに向かって「自分自身を放つ」方法を知る必要がある。また，失敗を体験したときや，動機づけが下がったり，苦悩していたりするときでさえも，何度も何度も「的」に向けて粘り強く「自分自身を放っていく」方法を学

ぶ必要もあるだろう。本章の後半では、この問題を取り上げる。

価値づけと行動活性化

　伝統的な CBT と ACT では、行動活性化のアプローチの仕方に 2 つの違いがある。第一に、ACT は行動活性化を最終的なゴールとして扱うのに対し、CBT ではしばしば、症状（抑うつなど）を減らしたり、信念を変容したりするための手段として行動活性化を活用する。たとえば、人は抑うつを減らすために、楽しい活動に携わるかもしれない。その活動によって実際に抑うつが減ったのならば、成功といえるだろう。対照的に、ACT ではクライエントに、それ自体が価値を反映している活動に携わるように促す。そのような活動は、実際には抑うつを増加させることもある。たとえば、未亡人の女性の場合、友人との交際（彼女の価値）を求めたときに、よりいっそう抑うつ的な気持ちになるかもしれない。というのも、友人たちが亡き夫を思い出させることになるからである。ACT の視点からすると、成功したといえるのは、この未亡人が自分の価値にしたがって生きているときである。決して、抑うつを以前よりも体験しなくなったときではない。第二に、CBT を基盤とする活性化は、環境と楽しい活動とのポジティブな相互作用に焦点を当てることが多い[34,86]。対照的に ACT では、価値づけされた方向性に焦点を当てるのである。方向性は活動と比べると、より抽象的で、より長期的な期間となり、数多くの活動が含まれることになる傾向がある。前述の例で考えると、ACT の実践家は、この未亡人に対して、一日の間に行われるような活動（海辺に行く、など）にだけ焦点を当てるのではなく、彼女の残りの人生の指針となるような価値（たとえば、良き友人となること）を同定するように支援するだろう。

　こういった明らかな違いはあるものの、行動活性化が、何らかの目的のための手段としてではなく、究極的な目的としてターゲットにされる場合に限り、CBT と ACT は有益に統合されることができると、私たちは考えている。ACT も CBT も共に、楽しい活動を増やそうとする。ただし、

ACTは，このような活動を価値と結びつけるという点で，一歩先まで踏み込んでいるのである。CBTの実践家も，そのように結びつけることに反対する理由は何もないだろう。実際，多くのCBTの実践家は，おそらく既にそのような結びつけを直感的に（自覚的ではないにせよ）行っているだろう。

ACTでは，**価値** (values) とは「目的のあるアクションの中に含まれる『質』のことで，その質は『選択』されたものである」という意味で使われている。その「質」とは，何かモノのように獲得できるものではないが，絶えず変わっていくアクションの中に組み込むことができるものである[71]。例として「愛情豊かな夫になる」が挙げられる。対照的に，**ゴール**は「価値に役立つために行われ，かつ達成可能な，特定のことがら」を意味する。例として「妻のために，火曜日に夕食を作る」が挙げられる。

価値に関連する構成要素を表7.1に示した。この表にある用語は，非常に抽象的なもの（価値）から具体的なもの（アクション）まで，さまざまである。価値は価値それ自体のためになされる。それに対して，ゴールとアクションは価値に役立つものとしてなされるのである。

本章ではこれ以降，価値-アクション階層の各層における介入を詳細に紹介していくことにしよう。すべてのレベルを介入のターゲットにすることが必須である。価値のレベルは，クライエントが自分の人生を体系化するのに十分な幅がある方向性を定めるのに役立つ。アクションのレベルは，価値を実現するための具体的なステップを踏むための援助になるだろう。

価値の明確化：何が人生の原理（指針）なのかを調べる

クライエントが自分の価値を明確化するのに役立つエクササイズは，数多く存在している。これらのエクササイズについては，さまざまなACTの文献（文献71など）で見ることができるので，ここでは詳細に述べることはしない。ここでは，CBTで一般的に見られ，ACTにも適用可能な技法に焦点を当てる。「構造化ワークシート（structured worksheet）」で

表7.1：価値—アクション階層（抽象から具体へ）

	説　明	具体例*
価　値	それ自体のためになされる 決して永久には達成されない 評価不可能（選択されなければならない）	愛情深い親である 身体的に活動的である 愛情深く，信頼に足る関係を持つ
ゴール	価値の実現に役立つ しばしば広範囲に適用可能（その行動のタイプは1つとは限らない）	子どもと遊んで時間を過ごす 週3回ジムに通う 正直で忠実である
アクション	ゴール達成に役立つ具体的な行動	今日，仕事の後で子どもとゲームをする 月曜日は午前七時に起きてジムに行く 今夜夕食を食べながら，パートナーに率直に感情を表現する

＊本質的な意味で，価値あるいはゴールといったものが存在しているわけではない。そのため，ある人にとっての価値であるものが，他の人にとってはゴールということもある。

ある。

　私たちは，実践家がクライエントの価値の明確化とコミットメントを促進できるように，以下のような「人生の原理に関する調査（Survey of Life Principles：SLP）」を開発した。ここで言う「人生の原理」とは，価値や抽象的なゴール（たとえば，「正直である」，「身体的に健康である」）と同じ意味である。これは，本章の中心的なツールとなる。そこで，その起源と，多くの研究文献との関係について，ここで論じておきたい。

　SLPの主な目的は，包括的なツールを開発することであった。実践家とクライエントは共に，価値の話になると，とたんに「見えなく」なる。というのも，いくつかの価値の領域が無視されてしまうからである。そのような無視が起こってしまうのは，価値に対して自覚がない，これらの価値がアクションに反映されうるという考え方が欠如している，どの価値が

「より良い」「より悪い」のかという先入観を持っている，などの理由からである。たとえば，実践家によっては，宗教的な価値の領域を無視する傾向がある者もいれば，性的な領域を無視する者もいる。あるいは，「調和する」とか「順応する」ことに関係する領域を無視する者もいるだろう。SLP は，実践家とクライエントがあらゆる範囲で人間の可能性に対してオープンでいられるように支援するためにデザインされている。

　SLP の項目内容に関して，研究（表7.2[114]参照）によって同定された10個の各価値次元に対して質問項目を作成した。項目の具体的内容は，Rokeach[107]，Schwartz と Bilsky[113]の研究に基づいている。これらの項目に加えて，精神的健康に特に関連があると考えられる人間関係に関する項目（「本当の親しい友人がいる」と「愛と愛情のある関係を持っている」）[15]も含めた。フィットネスと身体の健康，スピリチュアル／宗教的な原理[15]，セクシュアリティーについての項目も加えた。さらに，職場環境で実現されるかもしれない原理についての項目も含めた[109,112]。最終的に，ACT では「体験の回避」が強調されることを考慮して，体験のコントロールという原理を反映する 3 つの項目を加えた。関連する価値のグループおよび，それに対応する項目については，表7.2 に挙げた。

　研究知見が示唆するところでは，SLP は，価値を多数の次元に沿って評定できる[43,44,107,113,116,117]。私たちは，SLP に関わる次元——原理の個人的重要性，原理を信奉する圧力，原理に沿って生きるという点での成功——を把握しようと試みた。クライエントとワークをする際には，以下の3 つの質問を覚えておいてほしい。

1．クライエントにとって，どの原理が最も重要であるか？

　これらの原理は，内的に動機づけられている傾向があり，楽しい，有意味，活力を与えるといった理由から従事される。

2．クライエントは，どの原理を信奉するように圧力をかけられていると感じているか？

表7.2：人生の原理に関する調査（SLP）における原理グループ

原理グループ	項目	説明
普遍主義	1～4	すべての人類と自然の福利を理解し，感謝し，寛容し，保護する。自分自身を超越したもの，また自分の身近な社交の範囲を超越したものを大切にする
人間関係	5～10	ポジティブな人間関係を発達させ，維持する
達成	11～13	能力を実証し，困難なゴールの達成を通じて，個人的に成功する。いくぶん向社会性要素を持つ傾向がある（しばしば他者のために役に立とうとする）
刺激の追求	14～16	刺激的な環境と活動を求める
身体活動と健康	17～19	身体的活動と，身体的に健康であることの重要性を維持する
スピリチュアリティーと伝統	20～22	多くの場合に関係している2つのものごと，つまり，宗教的な／スピリチュアルな生活を送る願望と，伝統的文化へのアクセプタンスとコミットメントに焦点を当てる
社会的制限	23～25	他人を害したり，動揺させたりすることを回避するような方法で行動する
安全	26～28	安全で安定しており，構造化された世界を創造する
パワー	29～31	力，特に社会的な力を発達させ，維持する
快楽主義	32～34	喜びを得ることに焦点を当てる（性的活動は人間関係の範疇にも属することがある）
その他	35～39	自足性，創造性，知的追求，自己改善に価値を置く
体験のコントロールの原理	40～42	内的体験をよりポジティブなものにする
キャリア関係の原理	43～52他	（他の原理の多くも同様だが）さまざまなタイプの原理と関係する。芸術的キャリア(3, 35, 43, 44)，社会的キャリア（45, 46，上述の人間関係のクラスターを参照），実践的キャリア(47, 48)，慣習的キャリア(49, 50，社会的制限クラスターを参照)，研究的キャリア(37, 38, 51)，ビジネスや政治のような事業経営的キャリア（52，パワーと刺激の追求のクラスターを参照）

原理というのは，個人的に重要であるとともに，他者からの圧力の結果であると感じられることもある（たとえば，「私は自分自身のためにも健康を望んでいますが，健康になるようにという圧力も感じます」）ということを忘れないでおくことが重要である。

3．クライエントは，自分の原理を実現するという点でどの程度成功してきたのか？（原理に沿って生きるという点での成功）

私たちはクライエントにここで2つの質問をする。第一に「クライエントはその原理を実現したいと望んできたのか」である。各クライエントは，ここ数ヵ月間にいくつの原理の実現を試みたか，という点でそれぞれ異なっている。第二に「クライエントが特定の原理の実現を試みたという場合，それは成功してきただろうか」である。この2つの質問をすることで，クライエントにとって重要だが実現されていない原理はどれかを特定できる。

人生の原理に関する調査（SLP）を使用することで，上述の3つの質問を構造化された形で問うことができる。この調査はホームワークとして与え，次のセッションの準備段階としてもよいだろう。SLPの重要な鍵となる点とは，存在の仕方の可能性について，クライエントに幅広く考察させることである。

第7章 価値とコミットメント　181

クライエント・ワークシート
あなたの「人生の原理」は何ですか？

　私たちは，それに気づいていることも気づいていないこともありますが，誰もがみな，自分の人生の指針となる原理を持っています。そして，その原理は，人それぞれ違っています。たとえば「自然とつながりを持つ」，「裕福になる」，「創造的になる」といったものがその原理の例です。

　指針となる原理は，このイラストにおける灯台に似ています。灯台は船乗りに方向を示し，嵐のまっただ中でも海を航行できるように導いてくれるのです。

　それでは，次のページに進んで，エクササイズを始めてください。

パート1：自分にとって大切な「原理」は何だろう？

各原理が，あなたにとってどの程度個人的に重要か，ということを評定してください。ここで明らかにしたいことは，あなたが何を重要だと思うかであって，周りの人たちが重要だと思うことではありません。

```
 1 ── 2 ── 3 ── 4 ── 5 ── 6 ── 7 ── 8 ── 9
私にとっては                                        私にとって
重要でない                                          きわめて重要
```

1. _____ 自然とつながりを持つ
2. _____ 人生に関する深い理解と知恵を得る
3. _____ （芸術，舞踏，園芸など，何らかの領域で）美を創造する
4. _____ 正義を奨励し，弱者を助ける
5. _____ 友人，家族，自分の属する集団（どれか，あるいはすべて）に忠実である
6. _____ 正直である
7. _____ 他者を助ける
8. _____ 性的に魅力的である
9. _____ 真の親しい友人を持つ
10. _____ 愛と愛情のある関係を持つ
11. _____ 意欲的で勤勉である
12. _____ 有能で実践力がある
13. _____ 達成感を持ち，永続的な貢献をする
14. _____ エキサイティングな生活をする
15. _____ 冒険に満ちた生活をする
16. _____ 新しい体験や変化に満ちた生活をする
17. _____ 身体的に健康である
18. _____ 健康によい食べ物を食べる
19. _____ スポーツ活動を行う

各原理が，あなたにとってどの程度個人的に重要か，ということを評定してください。ここで明らかにしたいことは，あなたが何を重要だと思うかであって，周りの人たちが重要だと思うことではありません。

1 —— 2 —— 3 —— 4 —— 5 —— 6 —— 7 —— 8 —— 9

私にとっては重要でない　　　　　　　　　　　　　　　　　　　　私にとってきわめて重要

20. _____ 自分の宗教上の信条と信念に一致した行動をする
21. _____ 神あるいは宇宙と一体になる
22. _____ 伝統に敬意を表する
23. _____ 自律的で誘惑に負けない
24. _____ 親や年配者に敬意を表する
25. _____ 自分の義務を果たす
26. _____ 自分の愛する人たちの安全と安定を維持する
27. _____ 親切にされたら必ずお返しをし，他人に借りがないようにする
28. _____ 危険に近づかず，安全である
29. _____ 裕福である
30. _____ 権威を持つ，責任者となる
31. _____ 人びとに影響を与える
32. _____ 楽しく，ゆったりとした生活をする
33. _____ 飲食を楽しむ
34. _____ 性的に活発である
35. _____ 創造的である
36. _____ 自足的である
37. _____ 好奇心を持っている，新しいことを発見する
38. _____ ものごとを理解し，問題を解決する
39. _____ より良い人になろうと努力する
40. _____ ポジティブな気分状態を体験する

各原理が，あなたにとってどの程度個人的に重要か，ということを評定してください。ここで明らかにしたいことは，あなたが何を重要だと思うかであって，周りの人たちが重要だと思うことではありません。

1 —— 2 —— 3 —— 4 —— 5 —— 6 —— 7 —— 8 —— 9

私にとっては　　　　　　　　　　　　　　　　　　　　　私にとって
重要でない　　　　　　　　　　　　　　　　　　　　　　きわめて重要

41. _____ 自分自身について良く感じる
42. _____ ストレスのない生活を送る
43. _____ 音楽や芸術や芝居を楽しむ
44. _____ ものごとを企画する
45. _____ 他人に教える
46. _____ 論争を解決する
47. _____ ものを築き，修理する
48. _____ 屋外で働く
49. _____ ものごとを体系化する
50. _____ 明確に定義された仕事に携わる
51. _____ ものごとを調査する
52. _____ ものごとを管理する

この他に，あなたの指針となる原理があった場合には，以下にそれを書いてください。そして，その重要性を評定してください。

53. _____ _____
54. _____ _____
55. _____ _____

パート2：どの原理を信奉するように圧力をかけられているか？

　以下の尺度を用いて，各原理を信奉するように，どの程度圧力をかけられていると感じるか，ということを評定してください。一般的に圧力の源となることが多いものには次のようなものがあります。あなたの周りの人たち（例：家族，あなたのパートナー），集団（例：宗教グループ，仲間のグループ，組織），メディア（例：広告），他の圧力（例：社会があなたに期待すること）などです。

```
1 ── 2 ── 3 ── 4 ── 5 ── 6 ── 7 ── 8 ── 9
```
圧力を　　　　　　　　　　　　　　　　　　　　極度の
感じない　　　　　　　　　　　　　　　　　　　圧力を感じる

1. _____ 自然とつながりを持つ
2. _____ 人生に関する深い理解と知恵を得る
3. _____ （芸術，舞踏，園芸など，何らかの領域で）美を創造する
4. _____ 正義を奨励し，弱者を助ける
5. _____ 友人，家族，自分の属する集団（どれか，あるいはすべて）に忠実である
6. _____ 正直である
7. _____ 他者を助ける
8. _____ 性的に魅力的である
9. _____ 真の親しい友人を持つ
10. _____ 愛と愛情のある関係を持つ
11. _____ 意欲的で勤勉である
12. _____ 有能で実践力がある
13. _____ 達成感を持ち，永続的な貢献をする
14. _____ エキサイティングな生活をする
15. _____ 冒険に満ちた生活をする
16. _____ 新しい体験や変化に満ちた生活をする
17. _____ 身体的に健康である

以下の尺度を用いて，各原理を信奉するように，どの程度圧力をかけられていると感じるか，ということを評定してください。一般的に圧力の源となることが多いものには次のようなものがあります。あなたの周りの人たち（例：家族，あなたのパートナー），集団（例：宗教グループ，仲間のグループ，組織），メディア（例：広告），他の圧力（例：社会があなたに期待すること）などです。

```
1 ── 2 ── 3 ── 4 ── 5 ── 6 ── 7 ── 8 ── 9
圧力を                                    極度の
感じない                                  圧力を感じる
```

18. _____ 健康に良い食べ物を食べる
19. _____ スポーツ活動を行う
20. _____ 自分の宗教上の信条と信念に一致した行動をする
21. _____ 神あるいは宇宙と一体になる
22. _____ 伝統に敬意を表する
23. _____ 自律的で誘惑に負けない
24. _____ 親や年配者に敬意を表する
25. _____ 自分の義務を果たす
26. _____ 自分の愛する人たちの安全と安定を維持する
27. _____ 親切にされたら必ずお返しをし，他人に借りがないようにする
28. _____ 危険に近づかず，安全である
29. _____ 裕福である
30. _____ 権威を持つ，責任者となる
31. _____ 人びとに影響を与える
32. _____ 楽しく，ゆったりとした生活をする
33. _____ 飲食を楽しむ
34. _____ 性的に活発である
35. _____ 創造的である
36. _____ 自足的である

第7章 価値とコミットメント

以下の尺度を用いて，各原理を信奉するように，どの程度圧力をかけられていると感じるか，ということを評定してください。一般的に圧力の源となることが多いものには次のようなものがあります。あなたの周りの人たち（例：家族，あなたのパートナー），集団（例：宗教グループ，仲間のグループ，組織），メディア（例：広告），他の圧力（例：社会があなたに期待すること）などです。

1 —— 2 —— 3 —— 4 —— 5 —— 6 —— 7 —— 8 —— 9
圧力を
感じない   極度の
                                                圧力を感じる

37. _____ 好奇心を持っている，新しいことを発見する
38. _____ ものごとを理解し，問題を解決する
39. _____ より良い人になろうと努力する
40. _____ ポジティブな気分状態を体験する
41. _____ 自分自身について良く感じる
42. _____ ストレスのない生活を送る
43. _____ 音楽や芸術や芝居を楽しむ
44. _____ ものごとを企画する
45. _____ 他人に教える
46. _____ 論争を解決する
47. _____ ものを築き，修理する
48. _____ 屋外で働く
49. _____ ものごとを体系化する
50. _____ 明確に定義された仕事に携わる
51. _____ ものごとを調査する
52. _____ ものごとを管理する

そのほかに，あなたの指針となる原理があった場合には，以下にそれを書いてください。そして，どの程度それらを信奉するように人々から圧力を受けているかを評定してください。

53. _____ _____
54. _____ _____
55. _____ _____

パート3：自分の原理を実現するという点で，自分はどの程度成功してきたか？

　ここ3ヵ月間に，自分の原理を実現したいとあなたが望んだかどうか──つまり，あなたが自分の原理に従って行動したいと思ったかどうか──を判断してください。あなたの回答が「いいえ」であれば，次の原理に進んでください。あなたの回答が「はい」の場合は，それを実現することにおいて，あなたはどの程度成功したかを評定してください。

```
    1 ── 2 ── 3 ── 4 ── 5
  全く成功      ほどほどに      非常に
  しなかった    成功した       成功した
```

指針となる原理	この3ヵ月間に，この原理を実現したいと望みましたか？	「はい」の場合，その実現にどの程度成功しましたか？
1．自然とつながりを持つ	はい ／ いいえ	＿＿＿
2．人生に関する深い理解と知恵を得る	はい ／ いいえ	＿＿＿
3．（芸術，舞踏，園芸など，何らかの領域で）美を創造する	はい ／ いいえ	＿＿＿
4．正義を奨励し，弱者を助ける	はい ／ いいえ	＿＿＿
5．友人，家族，自分の属する集団（どれか，あるいはすべて）に忠実である	はい ／ いいえ	＿＿＿

ここ3ヵ月間に，自分の原理を実現したいとあなたが望んだかどうか——つまり，あなたが自分の原理に従って行動したいと思ったかどうか——を判断してください。あなたの回答が「いいえ」であれば，次の原理に進んでください。あなたの回答が「はい」の場合は，それを実現することにおいて，あなたはどの程度成功したかを評定してください。

```
 1 —— 2 —— 3 —— 4 —— 5
全く成功     ほどほどに     非常に
しなかった   成功した       成功した
```

指針となる原理	この3ヵ月間に，この原理を実現したいと望みましたか？	「はい」の場合，その実現にどの程度成功しましたか？
6. 正直である	はい ／ いいえ	_____
7. 他者を助ける	はい ／ いいえ	_____
8. 性的に魅力的である	はい ／ いいえ	_____
9. 真の親しい友人を持つ	はい ／ いいえ	_____
10. 愛と愛情のある関係を持つ	はい ／ いいえ	_____
11. 意欲的で勤勉である	はい ／ いいえ	_____
12. 有能で実践力がある	はい ／ いいえ	_____
13. 達成感を持ち，永続的な貢献をする	はい ／ いいえ	_____
14. エキサイティングな生活をする	はい ／ いいえ	_____
15. 冒険に満ちた生活をする	はい ／ いいえ	_____
16. 新しい体験や変化に満ちた生活をする	はい ／ いいえ	_____
17. 身体的に健康である	はい ／ いいえ	_____
18. 健康によい食べ物を食べる	はい ／ いいえ	_____
19. スポーツ活動を行う	はい ／ いいえ	_____
20. 自分の宗教上の信条と信念に一致した行動をする	はい ／ いいえ	_____

ここ3ヵ月間に，自分の原理を実現したいとあなたが望んだかどうか──つまり，あなたが自分の原理に従って行動したいと思ったかどうか──を判断してください。あなたの回答が「いいえ」であれば，次の原理に進んでください。あなたの回答が「はい」の場合は，それを実現することにおいて，あなたはどの程度成功したかを評定してください。

```
1 ── 2 ── 3 ── 4 ── 5
全く成功      ほどほどに      非常に
しなかった    成功した        成功した
```

指針となる原理	この3ヵ月間に，この原理を実現したいと望みましたか？	「はい」の場合，その実現にどの程度成功しましたか？
21. 神あるいは宇宙と一体になる	はい ／ いいえ	_____
22. 伝統に敬意を表する	はい ／ いいえ	_____
23. 自律的で誘惑に負けない	はい ／ いいえ	_____
24. 親や年配者に敬意を表する	はい ／ いいえ	_____
25. 自分の義務を果たす	はい ／ いいえ	_____
26. 自分の愛する人たちの安全と安定を維持する	はい ／ いいえ	_____
27. 親切にされたら必ずお返しをし，他人に借りがないようにする	はい ／ いいえ	_____
28. 危険に近づかず，安全である	はい ／ いいえ	_____
29. 裕福である	はい ／ いいえ	_____
30. 権威を持つ，責任者となる	はい ／ いいえ	_____
31. 人びとに影響を与える	はい ／ いいえ	_____
32. 楽しく，ゆったりとした生活をする	はい ／ いいえ	_____
33. 飲食を楽しむ	はい ／ いいえ	_____
34. 性的に活発である	はい ／ いいえ	_____

ここ3ヵ月間に，自分の原理を実現したいとあなたが望んだかどうか——つまり，あなたが自分の原理に従って行動したいと思ったかどうか——を判断してください。あなたの回答が「いいえ」であれば，次の原理に進んでください。あなたの回答が「はい」の場合は，それを実現することにおいて，あなたはどの程度成功したかを評定してください。

```
1 —— 2 —— 3 —— 4 —— 5
全く成功      ほどほどに      非常に
しなかった    成功した        成功した
```

指針となる原理	この3ヵ月間に，この原理を実現したいと望みましたか？	「はい」の場合，その実現にどの程度成功しましたか？
35. 創造的である	はい ／ いいえ	_____
36. 自足的である	はい ／ いいえ	_____
37. 好奇心を持っている，新しいことを発見する	はい ／ いいえ	_____
38. ものごとを理解し，問題を解決する	はい ／ いいえ	_____
39. より良い人になろうと努力する	はい ／ いいえ	_____
40. ポジティブな気分状態を体験する	はい ／ いいえ	_____
41. 自分自身について良く感じる	はい ／ いいえ	_____
42. ストレスのない生活を送る	はい ／ いいえ	_____
43. 音楽や芸術や芝居を楽しむ	はい ／ いいえ	_____
44. ものごとを企画する	はい ／ いいえ	_____
45. 他人に教える	はい ／ いいえ	_____
46. 論争を解決する	はい ／ いいえ	_____
47. ものを築き，修理する	はい ／ いいえ	_____
48. 屋外で働く	はい ／ いいえ	_____
49. ものごとを体系化する	はい ／ いいえ	_____

ここ３カ月間に，自分の原理を実現したいとあなたが望んだかどうか――つまり，あなたが自分の原理に従って行動したいと思ったかどうか――を判断してください。あなたの回答が「いいえ」であれば，次の原理に進んでください。あなたの回答が「はい」の場合は，それを実現することにおいて，あなたはどの程度成功したかを評定してください。

```
1 ──── 2 ──── 3 ──── 4 ──── 5
全く成功      ほどほどに      非常に
しなかった     成功した       成功した
```

指針となる原理	この３ヵ月間に，この原理を実現したいと望みましたか？	「はい」の場合，その実現にどの程度成功しましたか？
50. 明確に定義された仕事に携わる	はい ／ いいえ	_____
51. ものごとを調査する	はい ／ いいえ	_____
52. ものごとを管理する	はい ／ いいえ	_____

そのほかに，ここまでに書いていなかったあなたの指針となる原理があった場合には，以下にそれを書いてください。そして，その成功の程度を評定してください。

53. _____	はい ／ いいえ	_____
54. _____	はい ／ いいえ	_____
55. _____	はい ／ いいえ	_____

人生の原理に関する調査（SLP）を使って価値のワークを効果的に開始する

　SLPを用いた初期の研究から示唆されていることは，クライエントの反応が4つの全体的スコアに還元できる，ということである[119,49]。表7.2は，スコアと標準データを表している。また，初期の研究は，以下のような場合に，人は最高の幸福な状態を体験する傾向がある，ということを示唆する。それは，①ある原理が重要であると認識したとき，②原理を信奉するよう求める圧力を強く感じないとき，③多くの原理を行動に移そうとしているとき，そして④原理を実際の行動に移すことに成功しているとき，の4つである[119,49]。また，原理の成功が最も重要な相関を持つ幸福（well-being）[訳注：well-beingは，健康的に良い状態，幸福な状態を指す]は，情動的幸福（例：ポジティブな感情，低い悲しみ），心理的幸福（例：人生の目的），社会的幸福（例：関係における満足，社会的支援）である。残りの3つの因子は，原理の成功ほど強い相関は見られない。しかし，その因子によって，幸福において明確な分散が予測され，それゆえ，潜在的には重要であると考えられる。

　この標準化は300人の大学生のサンプルに基づいている。しかし，これはおおよその指針として使用されるべきであり，さらなる標準化が待たれる。重要度，圧力，成功の変数は，情動のコントロールの項目（項目40～42）を除いて，すべての反応で平均得点をとって算出されている。「活動」は，その人が実現した原理の数（項目40～42を除く）を合計して算出されている。

　全体的スコアから，多くのことがわかるだろう。たとえば，あなたのクライエントは，ほとんどのものごとを重要でないと考えているのだろうか。自分が求めるもの（高い重要性）が何かを知っていながらも，それを手に入れられない（低い成功）でいるのだろうか。「自分が何を求めているか」について，周囲の人たちがコントロールしている（高い圧力）ように感じ

表7.2　人生の原理に関する調査（SLP）の全体的スコア

平均スコア，低スコア（標準偏差−1），高スコア（標準偏差+1）

	説　明	低スコア	平　均	高スコア
重要度	低スコアは，その人がほとんどの原理を重視していないことを示す	5.81	6.51	7.19
女性		5.90	6.57	7.24
男性		5.57	6.3	7.03
圧力	高スコアは，その人が他者から，原理を信奉するよう求める強い圧力を感じていることを示す。	3.14	4.54	5.98
成功	低スコアは，その人が原理において成功していないことを示す。	3.05	3.48	3.91
活動	低スコアは，その人が原理をほとんど実際の行動に移せていないことを示す。	23.63	31.18	38.73

ており，自分自身の意見を見つけることが難しいのだろうか。

　全体的スコアを見る際に考慮すべき2つの重要な注意事項がある。第一に，いずれの原理の領域においてもいえることであるが，重要度がより高い評定の項目がが必ずしも安寧と関連しているわけではない。たとえば，パワーの原理（権威，影響力，富）を重要であると評定する人は，より強い敵意を体験する傾向があることから，より高い幸福を体験しない[119]。第二に，全体的スコアからは，クライエントがセラピーで特に取り組みたいと望んでいることについての情報は，あまり得られない。したがって，私たちは，個々の原理のスコアと全体的スコアを並列して考察することをお勧めする。そのためには「人生の原理（SLP）採点用ワークシート」（下記）を活用するとよいだろう。

実践家のためのワークシート
人生の原理に関する調査（SLP）採点用シート

　このシートが，あなたのクライエントにとって，何が最も重要であるのか，そのクライエントは何に成功しているのか，ということについての理解を助けてくれるだろう。サンプルしだいでスコアの幅は異なってくるため，これはおおまかな指針として用いられるべきである。このワークシートは，平均よりも1標準偏差低い値（下位16％），平均値，そして平均より1標準偏差高い値（上位16％）を掲載している。

　採点は，クライエント質問紙を見て，各項目がその範囲のどこに該当するか，当てはまるところを丸で囲むだけでよい。たとえば，クライエントの友情におけるスコアが7.5以下の場合は，7.5を丸で囲む。クライエントのスコアが7.5と9の間の点であれば，真ん中の値（8.5）を丸で囲む。注意すべき点は，価値が，標準サンプルと比較して平均以下という評価であっても，クライエントにとっては重要なこともある，という点である。たとえば，あるクライエントは，友情の重要度を7.4と評価したとしよう。これは標準サンプルと比べると平均以下であるが，それでもそのクライエントにとっては依然として重要性が高いものなのである（つまり，9点満点のうちの7.4なのである）。

クライエントの氏名 ＿＿＿＿＿＿＿＿＿＿＿＿＿＿＿＿＿＿＿＿
日付 ＿＿＿＿＿＿＿＿＿＿＿＿

原 理	重要度	成 功
9．友情	7.5＜8.5＜9.0	3.2＜4.2＜5.0
10．愛	7.0＜8.2＜9.0	2.5＜3.8＜5.0
向社会的		
5．忠実である	7.8＜8.3＜9.0	3.5＜4.3＜5.0
6．正直である	6.3＜7.7＜9.0	3.2＜4.1＜4.9
26．家族の安全	7.1＜8.2＜9.0	3.0＜3.9＜4.8
24．親に対する敬意	5.6＜7.3＜9.0	3.0＜3.9＜4.9
7．他人を助ける	6.2＜7.5＜8.7	2.8＜3.6＜4.5
27．親切に返礼	6.1＜7.5＜8.8	2.9＜3.9＜4.9
23．自律	4.5＜6.4＜8.2	1.8＜3.0＜4.1
パワー		
30．権威	3.7＜5.4＜7.2	2.3＜3.3＜4.3
31．影響力	3.3＜5.3＜7.2	2.4＜3.2＜4.0
29．富	3.4＜5.7＜7.5	1.2＜2.3＜3.4
1．自然とつながりを持つ	2.9＜5.0＜7.1	2.0＜3.1＜4.3
宗教グループ		
20．宗教的実践	1.8＜4.6＜7.4	2.2＜3.3＜4.4
21．神と共にある	1.8＜4.6＜7.5	2.0＜3.1＜4.1
芸術グループ		
35．創造的	3.4＜5.5＜7.7	2.1＜3.2＜4.3
44．企画	2.1＜4.3＜6.4	1.7＜2.9＜4.2
3．美の創造	3.7＜5.9＜8.1	2.3＜3.3＜4.3
43．芸術を楽しむ	4.5＜6.4＜8.3	2.7＜3.7＜4.8

第7章 価値とコミットメント　197

原　理	重要度	成　功
体験のコントロール		
42．ストレスがない	5.2＜7.1＜8.9	1.4＜2.4＜3.5
28．危険に近づかず安全である	4.8＜7.6＜9.0	3.3＜4.2＜5.0
41．気分が良い	7.1＜8.2＜9.0	2.3＜3.4＜4.4
40．ポジティブな気分	6.4＜7.8＜9.0	2.5＜3.5＜4.5
明確なグループなし		
34．性的活発さ	3.9＜6.0＜8.1	2.4＜3.6＜4.7
刺激の探究		
15．冒険	4.9＜6.6＜8.3	2.0＜3.1＜4.2
14．エキサイティングな生活	5.8＜7.7＜8.8	2.5＜3.5＜4.5
16．新奇さ	4.2＜6.0＜7.7	2.1＜3.2＜4.2
37．発見	5.6＜7.0＜8.4	2.6＜3.6＜4.5
自覚的な達成		
50．定義された仕事	4.6＜6.2＜7.8	2.4＜3.5＜4.5
52．管理	4.5＜6.3＜8.1	2.3＜3.2＜4.1
11．意欲的な	5.7＜7.2＜8.6	2.4＜3.4＜4.4
49．体系化	4.1＜6.0＜7.9	2.1＜3.2＜4.4
51．調査	3.5＜5.3＜7.2	2.5＜3.4＜4.4
25．義務	6.3＜7.6＜8.8	2.6＜3.6＜4.6
38．解明	4.6＜6.2＜7.8	2.6＜3.4＜4.3
健康		
17．健康	5.3＜6.9＜8.5	1.8＜3.0＜4.1
19．スポーツをする	3.6＜5.9＜8.2	1.9＜3.3＜4.7
18．健康的食生活	5.0＜6.7＜8.4	2.1＜3.1＜4.1
8．性的に魅力的な	4.5＜6.4＜8.2	2.3＜3.2＜4.1
36．自足的	5.8＜7.3＜8.8	2.5＜3.5＜4.4

原　理	重要度	成　功
2．知恵	6.3＜7.6＜8.9	2.3＜3.2＜4.0
39．向上する努力	6.5＜7.8＜9.0	2.6＜3.4＜4.2
33．食を楽しむ	5.2＜6.9＜8.6	3.4＜4.3＜5.0
12．有能な	6.3＜7.5＜8.6	2.6＜3.4＜4.2
32．娯楽生活	6.3＜7.6＜9.0	2.4＜3.4＜4.4
46．論争の解決	5.3＜6.9＜8.5	2.4＜3.4＜4.5
48．屋外労働	2.6＜4.7＜6.8	1.9＜3.1＜4.2
47．構築	2.1＜4.1＜6.1	1.9＜3.0＜4.2
4．正義の奨励	4.7＜6.5＜8.2	1.9＜2.9＜3.8
13．貢献	6.0＜7.5＜9.0	2.0＜3.0＜4.0
22．伝統の尊重	3.4＜5.4＜7.4	2.3＜3.2＜4.2
45．教える	4.4＜6.1＜7.9	2.5＜3.4＜4.3
53．		
54．		
55．		

注：イタリック体の項目は，因子分析で同定されたグループを示している（Stefanic & Ciarrochi, 2008）。数字は次のように配置されている。16％の人がこの値，あるいはそれより低い値に丸をつけた＜平均値＜16％の人がこの値，あるいはそれより高い値に丸をつけた。これらはおおよそのパーセンテージである。

「人生の原理（SLP）採点用ワークシート」は，統計的分析で同定されたグループごとに項目を示している[119]。たとえば，「刺激の探究」グループは「冒険」，「エキサイティングな生活」，「新奇さ」といった項目を含んでいる。人は，同一のグループ内の項目に対しては，よく似た反応をする傾向がある。たとえば，向社会的グループでは，忠実性に価値づけした人は正直さにも価値づけする傾向がある。因子の全体的スコアと「人生の原理（SLP）採点用ワークシート」の両方を活用しながら，セラピストはいくつかのパターンを探すことができる。それは，重要性のテーマ，低い成功度，原理の範囲の制限，体験のコントロール原理の優勢，不適切なキャリア選択，コンプライアンスへの圧力の存在などである。では次に，ここでこれらのパターンをそれぞれ詳しく見ていくことにしよう。

重要性のテーマ

第一に，1つの原理グループ内（たとえば，向社会性グループ）で一貫して高い評価を示しているものを探す。これがセラピーで取り組むべきテーマを示していることがある。たとえば，クライエントがすべての向社会的原理について，いずれも非常に重要であると評価している場合，おそらく社交の領域に注意を払うべきだろう。クライエントには重要性を低く評価する傾向がないかどうかも確認するとよい。これは，そのクライエントが自分の価値づけするものをわかっていないことを示していることがある。このようなクライエントの場合は，後で紹介する「カード分類課題」から始めるのがよいかもしれない。

低い成功度

高く評価されているものの，成功度が低い原理を探す。そのような原理は，クライエントが取り組みたいと望んでいるものである可能性が高い。クライエントがセラピーの中で，それらの原理について話さない場合には，セラピストのほうから，それについて質問することが重要となるだろう。

原理の範囲の制限

範囲が制限されていることは，いくつかの方法で明らかになるだろう。重要であるとする原理がほとんどないこともある。数項目を重要であるとしていながらも，行動に移そうとしたことはない，と話すこともある。そうしたクライエントは最終的に多数の原理グループを重要でないと評定するかもしれない。このような場合，クライエントの行動の選択肢が非常に限られている可能性がある。このことから，セラピストは行動の選択肢を妨げているバリアを探究する必要があるかもしれない。認知的バリア（第2章から4章で取り上げている）もしくは，体験の回避（第6章参照）に関する問題が存在する可能性がある。たとえば，クライエントは，失敗や拒絶のつらさを回避したいと望んでいるため，指針となる原理を認めることを拒んでいることがある。

体験のコントロールの原理の優勢

体験のコントロールのグループで重要性が高く評価されているものを探す。体験のコントロールの原理を持つこと自体がそもそも悪いというわけではない。探究すべき問題は，そのような原理に従って行動することが，その他の重要な原理と矛盾していないかという点である。第6章ではこの問題を詳細に取り上げている。

不適切なキャリア選択

SLPは，クライエントが自分の指針としての原理と合致しないキャリアに就いていないかどうかについて，とりあえずの感触をつかむために使うことも可能である。たとえば，創造的なことや社交的なことに関心があるのに，個性を欠いたキャリア（データの整理や管理など）に就いていることもあるだろう。クライエントが本人に相応しくないキャリアに就いている可能性が疑われる場合には，キャリアの関心についての調査を実施するとよいだろう[109,112]。

コンプライアンスへの圧力の存在

　クライエントが，信奉しなければならないと圧力を感じている原理も探す。研究によって示唆されているのは，このような原理は活力ある生き方や幸福にはつながらない傾向があり[116]，敵意や悲しみと関連する傾向がある[119]。ある原理を信奉するよう圧力をかけられると，以下の3つのうちのいずれかの方法で反応するだろう。第一は，圧力に屈して，その原理を重要であると評価する，第二は，それに従わない（反コンプライアンス）という反応を示し，本当はクライエントにとって重要であるかもしれないものであったとしても，その原理を重要でない，と評定する，第三は，その原理を重要とみなし，それを信奉するよう求める圧力を感じる，という反応の仕方である。

　セラピストは，圧力の高い項目のいくつかを詳細に探究する必要があるだろう。ときとして，クライエント本人以外，誰もそれについて知らない場合でも，クライエントはその原理を信奉するかどうかを質問することが役立つことがある。クライエントの返事が「はい」であれば，それは本当に信奉されている原理かもしれない。コンプライアンス（応諾）を弱めるためには，さまざまなACT技法が活用できる。たとえば，クライエントは，あなた，つまり，セラピストが望むことにコンプライアンスしなければ，というプレッシャーを感じることがしばしばあるだろう。このようなコンプライアンスは，さまざまな方法で，最小限に縮小できる。セッションにおいて，あなたが謙虚に行動する，あなた自身の権威を弱める（たとえば，「私はその答えを持ってはいません」），クライエントに，セラピストの言うことを信じないように促す（究極のところ，決め手になるのはクライエントの体験であるから）など，である。

　コンプライアンスを弱める方法は，他にもある。たとえば，クライエントに，自分の墓石に刻んでほしいこと，または自分の葬儀で言ってもらいたいことを話してくれるように求めてもよいだろう。クライエントが「私はみんなを動揺させることをうまく回避できた」とか「私は両親の望んだことをすべてこなした」といったようなことがいい，と答えることは，ま

ず滅多にない。

　さらにもうひとつ,「スイート・スポット」エクササイズも,クライエントが本当の原理に接触するのに役立つ技法である[133]。このエクササイズは,クライエントに目を閉じさせ,数分間呼吸に焦点を当てさせる,といった短時間のマインドフルネス・エクササイズから始める。それから,目を閉じたまま,自分の最高の記憶を何か1つ思い出すように求める。事細かにすべて思い出すように,特に,自分がその記憶の中で何をしていたのかを思い出すように促す。数分後,目を開けて,その体験を説明するように求める。セラピストとして,私たちはこの体験とつながるように努力する必要がある。特にクライエントが活力に満ち,心を開いているように見えるようなときに注目する必要がある。重要なことは,私たちは,クライエントがその体験の中で行った行動（たとえば,思いやりを持つ,困難な課題に取り組む,創造的になる,など）を同定する必要がある。このような行動は,将来の行動活性化介入のターゲットになるかもしれない。記憶を処理した後,クライエントに対して,次のようなことを言うとよいだろう。「あなたが自分の人生で,もっとこのような体験を持てるとしたら,どうでしょう？　このような体験をもっと手に入れたいですか？　それは,どのような感じになるでしょうか？」である。

　最後に,クライエントが人生に何を望み,何を望まないかをクライエント自身が明確にするように支援するための方法として,私たちは,カード分類エクササイズが有用である,と考えるに至った。その課題内容について,以下に説明する。

エクササイズ
カード分類課題

　この課題の目的は，クライエントが自分にとって非常に重要な原理を同定することを支援することである．以下のページを厚紙にコピーし，切り取って，クライエントのためのカードにするとよいだろう．フィルムで保護加工をしてもよい．

教　示

　クライエントにカードを3つの「山」に分けるように求める．

　　山1：これらの原理は，私にとってあまり重要ではない．

　　山2：これらの原理は，私にとってまあまあ重要である．

　　山3：これらの原理は，私にとって最高に重要である．

　クライエントが，1回目の分類を終了した後，もう一度カードをすべて見て，今回は上位10位までを選ぶように求める．
　クライエントの人生の原理がカードにない場合には，クライエントは何も書いていないカードに，それを書き出すことができる．

振り返り（分類結果を検討する）

　クライエントに，「『自分にとって何が重要なことなのか』をセラピストと共有することにウィリングネスを持てたかどうか」を質問する．セラピストは，クライエントがさまざまな原理について語るときに，クライエントの瞳，ジェスチャー，声の調子に，活力や情熱が見られるかを探す．あなたがセラ

ピストとして同定すべきことは「クライエントが人生に本当に望んでいるものは何か」と「セラピー中，その方向に向かえているかどうか」ということである。

　また，クライエントに「原理の中には，他の原理と比べるとさほど重要でないものが，いくつかあったことに驚きましたか？」と質問してもよいだろう。私たちの多くは，本当は重要ではないことを求めることに，多くの時間を費しているのである。

| 自然とつながりを持つ _____ | 人生に関する深い理解と知恵を得る _____ |

| （芸術，舞踏，園芸など，何らかの領域で）美を創造する _____ | 正義を奨励し，弱者を大切にする _____ |

| 友人，家族，自分の属する集団（どれか，あるいはすべて）に忠実である _____ | 正直である _____ |

| 他者を助ける _____ | 性的に魅力的である _____ |

真の親しい友人を持つ _____	愛と愛情のある関係を持つ _____
意欲的で勤勉である _____	有能で実践力がある _____
達成感を持ち， 永続的な貢献をする _____	エキサイティングな生活をする _____
冒険に満ちた生活をする _____	新しい体験や変化に 満ちた生活をする _____

第7章 価値とコミットメント 207

身体的に健康である	健康によい食べ物を食べる
スポーツ活動を行う	自分の宗教上の信条と信念に一致した行動をする
神あるいは宇宙と一体になる	伝統に敬意を表する
自律的で誘惑に負けない	親や年配者に敬意を表する

自分の義務を果たす ――――――――	自分の愛する人たちの 安全と安定を維持する ――――――――
親切にされたら必ずお返しをし， 他人に借りがないようにする ――――――――	危険に近づかず，安全である ――――――――
裕福である ――――――――	権威を持つ，責任者となる ――――――――
人びとに影響を与える ――――――――	楽しく， ゆったりとした生活をする ――――――――

飲食を楽しむ ――――――	性的に活発である ――――――
創造的である ――――――	自足的である ――――――
好奇心を持っている， 新しいことを発見する ――――――	ものごとを理解し， 問題を解決する ――――――
より良い人になろうと 努力する ――――――	ポジティブな気分状態を 体験する ――――――

自分自身について良く感じる _____	ストレスのない生活を送る _____
音楽，芸術，芝居の何か1つ，あるいは複数を楽しむ _____	ものごとを企画する _____
他人に教える _____	論争を解決する _____
ものを築き，修理する _____	屋外で働く _____

第7章 価値とコミットメント

ものごとを体系化する ――――――――	明確に定義された仕事に携わる ――――――――
ものごとを調査する ――――――――	ものごとを管理する ――――――――

「価値の明確化」から「コミットされたアクション」へ

　前節では，クライエントが人生に最も望むものに接触するよう支援する方法について検討した。これでもう，いつでも具体的な行動に移る準備が整った。本節で，価値づけられた人生を生きるというのは，実際にはどのように見えるものなのかをクライエントが発見できるように援助していく方法を探っていくことにしよう。クライエントと話し合っておくべき，重要な鍵となるポイントには，以下のようなものがある。

- 価値とゴールとの区別を明確化する。
- 価値には理由など必要ないことを具体的に説明する。
- 嫌な体験や失敗をしても，価値が決して帳消しにはならないことを明確にする。
- あるアクションに長期にわたってコミットしていくためにはしばしば，苦悩に耐える寛容さと，進んでバリアを「吸い込む」ようなウィリングネスが必要となることを強調する。

　では続いて，これらのポイントについて，それぞれ詳しく見ていくことにしよう。

価値とゴールとの区別を明確化する

　人生の原理に関する調査（SLP）によって，あなたのクライエントの「人生の指針」となる原理が同定されているだろう。これらの原理のどれがゴールで，どれが価値であるのかを理解することが大切である。また，その区別をクライエントが理解することも重要だろう。価値というのは，価値それ自体のために行われることであるのに対し，ゴールは価値に役立

つものである。ある原理がクライエントにとって価値であるかゴールであるか確信がない場合には、「あなたはなぜそれをしたいのですか？」とクライエントに尋ねてみるとよいだろう。この問いかけに答えられる場合、それがゴールとして取り扱われる可能性が高い。たとえば、あるクライエントは「穏健である」という原理を強く支持しているとしよう。あなたがそのクライエントに「それは何の役に立ちますか？」と質問すると、そのクライエントは「良い父親であること」と答えるかもしれない。「良い父親であること」は、おそらく価値であろうし、そこには「穏健であること」に加え、それに関連した多くのゴールが存在しているだろう。

価値には理由など必要ないことを具体的に説明する

　価値が有用なのは、それによりさまざまなことを選択できるからである。決定的に重要なのは、価値が「判断」と混同されないようにすることである[71]。価値づけをすることは「選択」である。価値の場合、何かの理由のために（for reasons）ではなく、何らかの理由と共に（with reasons）、選択がなされる。対照的に、判断とは、何らかの理由のために、選択肢の中から選択することを意味する。理由とは、原因と結果、賛成と反対といったものを言語的に形式化したものである。人は価値づけされた方向を選択するのに、理由など必要としないのである。

　例を挙げて考えてみよう。良い親であるか、それとも仕事で非常に成功するか、あなたはこの両者の間で、ある程度、選択を迫られることがあるだろう。このような選択は、おそらく次のようなさまざまな理由づけを生じさせるだろう。「私は職場でトップの成績を上げないと恥ずかしい思いをすることになる」、「私は完璧に仕事をしないと気が済まない。そして完璧であるためには、週に70時間働くという方法しかないんだ」などである。しかし、私たちは、このような理由づけをしながら、それでもなお「良い親であることは、私にとって非常に大切だ」と言うことができる。この価値は、単に宣言されるだけでもよい。これは、人生の前提だからである。

これを，クライエントがアクセプトするのは難しいかもしれない。というのも，クライエントは，ものごとを選んだ理由を正当化することに慣れているからである。「理由なしに，選択することなど不可能だ」と考えるかもしれない。理由の「必要性」をいくらか弱めるための方法として，クライエントに「どうしてあなたはそれをより好ましいと思うのですか」と尋ね続ける，というものがある。「私は良い父親であることを価値づけしているからです」という答えが返ってきたら，その人に「では，あなたがこれに価値づけするのはなぜですか」と尋ねるとよい。すると，相手は「それによって，自分は意義を感じることができるから」と答えるかもしれない。そうしたら再び，その理由を問うのである。最終的に，クライエントは，言う理由がなくなってしまうだろう。そうして，そのクライエントは，ただそれがいいという好みが存在すること，そしてそのような好みを正当化することは不可能であることを理解するだろう。さらに「動物は言語で正当化したり理由づけしたりすることはない。しかし，それでも常に選り好みをし，選択をしている」とクライエントに指摘することで，このような考えを納得してもらうとよいだろう。

嫌な体験や失敗をしても，価値が決して帳消しにはならないことを明確にする

人は誰でも失敗する。失敗したとき，なかには，自分が価値づけするものを喪失してしまった，あるいは自分には価値づけするもの（調和のとれた結婚や報われるキャリア）に「値する資格がない」と信じる者もいる。しかし「失敗したからといって価値が否定されるわけではない」と指摘することが大切である。メタファーを使って言うなら，船乗りは北極星（「価値」）を追うことで自分の旅路を方向づけることがある。ところがある晩，嵐が来て，その船乗りは航路から外れてしまったとしよう。この失敗は，この夜に，この船乗りが航路を外れたというだけである。将来，彼の進路を導くうえでの北極星という価値を否定するものではない。

あるアクションに長期にわたってコミットしていくためにはしばしば，苦悩に耐える寛容さと，進んでバリアを「吸い込む」ようなウィリングネスが必要となることを強調する

　クライエントが，価値の明確化とコミットメントという介入段階を終えて，深く触発され，人生に邁進していく準備ができたと感じる，ということがある。これは偉大な第一歩である。しかし，クライエントを失望の機会に備えさせることも必要かもしれない。すべての道には，無数のバリア，迂回，失敗があるだろう。クライエントが1つの行動方針にコミットすることは重要である。しかし，おそらくそれ以上に，それをやり続ける準備ができているということが重要だろう。実践家としてあなたに必要なのは，どのような種類のバリアに遭遇するか，あらかじめ予期できるようにクライエントを支援することである。ウィリングネスとコミットメントは，1回だけ行えばいいというものではない。「人生が続く限り，何度も何度も」行うことを選択していかなければならないものである。

価値を実際のアクションに移していくためのワークシート

　本章で述べてきたこと全体のまとめとして，2つのワークシート――「ウィリングネスとコミットメントワークシート」と「日誌ワークシート」――を作成した。「ウィリングネスとコミットメントワークシート」は，セッションの中でクライエントと一緒に行うことを意図しているが，ホームワークとしてもよい。このワークシートを行うことで，クライエントは，価値，ゴール，アクション，内的バリアを同定する，詳細な実践を行うことができる。さらに，クライエントは，ウィリングネスの重要な鍵となる質問を思い出すこともできる。「あなたが価値づけしたアクションの結果として内的な（私的）体験が生じてくると思います。そのとき，あなたはその体験のためのスペースを設けることにウィリングネスを持てますか？」という質問である。

ワークシート
ウィリングネスとコミットメント

　あなたは，自分の人生の中で，どんな価値を（今以上に）行動に移したいですか？　価値とは「道しるべ」となる星のようなものです。あなたは，それによって方向を定めることができます。ただし，実際に，その星に到達することはできません。それを達成することは決してできないのです。

　では次に，ゴールを選択してください。価値と関連して，あなたが達成したいと思うゴールです。あなたが「軌道から外れていない」ことをあなたに知らせてくれるようなゴールです。

　今度は，アクションを選択します。そのゴールの達成へ向けて，あなたを導いてくれるアクションです。

　内面的な「何か」が，そのゴールの達成を邪魔しそうですか？　もしそうなら，それは何ですか？

感情（情動）や身体感覚は？

　役に立たないルール（「〜しなければならない」,「〜すべきだ」）や評価
（「それはひどい」,「私はそれに耐えられない」,「私はダメだ」）は？

　ここでの鍵は，この内的なものを，それが自ら主張している姿ではなく，
ありのままの姿——ただの「何か」——として見ることです。内的な「何
か」はときとして，現実よりも強力に見えることがあります。それはしばし
ば自らが「危険なものだ」あるいは「文字通りの真実であるものだ」と主張
するのです。不安を例に考えてみましょう。不安は，自らを強力なものある
と言います。あなたはそれから逃げ出さなければならない，あるいは，不安
が言うことに耳を傾けなければならない，というようにです。「不安」が，
つかの間の思考や感情を説明する，ただのことばにすぎないことに注目して
ください。あなたは，そのような思考や感情を抱きながらも，なおかつ自分
の価値づけすることを行うことができることに注目してください。

　**あなたが価値づけしたアクションの結果として内的な体験（思考や感情）
が生じてくると思います。そのとき，あなたはその体験のためのスペースを
設けることにウィリングネスを持てますか？**

　はい　：あなたの旅を先に進め，それを体験しましょう！
　いいえ：戻って，別の価値づけされたアクションを選び，このエクササイ
　　　　　ズを繰り返してください。

「日誌ワークシート」の目的は，クライエントが毎日の日常生活のなかで，進んで価値を実行できるよう支援することである。クライエントにはこのワークシートのコピーを7枚渡し（ファイルに綴じて渡すとよい），セラピーの各セッションの間の1週間のホームワークとするとよいだろう。一日あたり5分以上はかからないようにデザインされている。このワークシートは，クライエントが価値とアクションを同定し，その価値とアクションを妨げる可能性のあるバリアを予期するのに役立つ。最後には，一日の終わりに，クライエントが価値を生きるという点で自分がどのくらい成功したのかを振り返るのを助けるのである。

第 7 章　価値とコミットメント　219

ワークシート

日　誌

日付 _____

一日の始まり
今日，あなたはどのような価値を生きたいですか？
_____
_____

価値を生きるために，具体的にどのようなアクションを行いたいですか？
_____
_____

そのアクションを妨げるバリアとなると思われる思考と感情としてどのようなものが思い浮かびますか？
_____
_____

あなたが価値づけしたアクションの結果として内的な体験（思考や感情）が生じてくると思います。そのとき，あなたはその体験のためのスペースを設けることにウィリングネスを持てますか？

　はい　：あなたの今日の旅を先に進め，それを体験しましょう！
　いいえ：戻って，別の価値づけされたアクションを選び，このエクササイズを繰り返してください。

一日を振り返って

今日一日，私は自分の価値づけされた方向に矛盾することなく行動した。

1	2	3	4	5
全く （しなかった）	少々	ほどほどに	かなり	大いに

結 論

　究極的には，「人生の原理のための調査（SLP）」のような手段は，本当の価値を同定するための出発点にすぎない。クライエントは，人生の中へ飛び込み，価値を生きる必要がある。そうして彼らは，自らが本当に望むものを直接の体験を通して発見していくだろう。

　価値は，本書におけるすべてのこと——アクセプタンス，脱フュージョン，文脈としての自己，といったあらゆるワーク——の中核である。私たちはクライエントに，自らの悪魔と相対するように求める。しかしそれは，そうすることが彼らにとって，有意義な人生を生きるのに役に立つ場合にのみである。

　私たちは，貧困や脅威がない状態でも，他のどの動物よりも多くの苦悩を体験する。これは，私たちの運命なのかもしれない。自分の内的世界において，いったいどのような思考や感情が現れるのか，私たちが選べることはほとんどないようである。しかし，外界において，自分の手，足，口を使って何を行うかは，私たちにも選択可能である。不安を感じ，夜眠れないときでさえ，有意味な人生を生きようと選択することができる。私たちは威厳を持って自分の苦悩と一緒に，意図した人生へと踏み出していける。

第8章

こころの知能指数（情動知能）を高める

> 友人のひとりひとりが私たちのなかの1つの世界を象徴している。それは友人たちが現れるまでは決して生み出されなかった世界である。この出会いによってしか，新しい世界は生まれない。
>
> ——Anaïs Nin（アナイス・ニン）

　私たちは皆，愛，友情，愛情，敬意，相互理解を価値あるものとしている。これらの価値のすべてに共通するものが1つある。それは，自分の周りの人たちである。

　人が，私たちにとってそれほど重要であるのなら，どうして私たちは人とうまくやっていくのにこれほど苦労するのだろうか。職場で働く人の38％までもが，いじめを体験したことがあると報告している[88]。また，50％の人が，現在持っている社会的ネットワークの中で誰かを裏切ったことがある[76]。職場での窃盗は横行しており，ビジネスの破綻の3件に1件はこれが原因である。こうした窃盗をする人の43％は，報復や仕返しが動機である[50]。さらに，離婚，社交不安，親密性の回避，道路上でのけんか，嫉妬による逆上，殺人，他にも嫌悪的な社会行動を挙げ続ければきりがない。要するに，「地獄とは——周りの人たちだ！」（サルトル[111]）ということである。それでもなお，「天国とは，周りの人たちだ」と言うこともできるだろう。

私たちが，自分の価値を生きるなら，このような「扱いづらい人間」を自分の人生に受け入れ，その人たちとうまくやっていけるようにならなければならない。本章では，人が他者との関係を改善できるように支援するために，本書で紹介してきたすべてのことを社会的領域から考えてみよう。

「こころの知能指数（情動知能）」の実践的な価値

　社会的に好ましくない行動は，情動のせいにされることが多い。破壊的なことをするのは怒っているせいだといわれ，初対面の人に話しかけられないのは「あまりにも不安」「自信がない」からといわれる。とはいえ，先の章からもおわかりのように，何もこのような理由づけが行動に対して制御的な役割を担っているわけではない。私たちは，怒りを感じているときでさえ，（それが自分の価値づけすることならば）お互いに敬意を持って相手に接することができる。恐れを感じていたとしても，自分の意見をはっきりと言うことができる。つまり，何らかのネガティブな情動を抱きながらも「知的に」行動することは可能なのである。

　情動知能（emotional intelligence：EI）は，やっかいな情動や，情動によって高ぶった思考がある状況で，どれほど，価値と一致した行動ができるかという程度，と定義される[25,28]。この定義に基づけば，本書全体が情動知能の促進をテーマにしてきた，ともいえるかもしれない。本章では，特に EI の社会的結果に焦点を当てることにする。

　臨床的介入において，「情動知能」，EI という用語を用いると，実際に役立つ文脈がいくつかあることに気づくだろう。第一に，私たち自身の体験から，「EI トレーニング」という言い方は，世間的に成功をおさめている人たち，すなわち「セラピー」を求めていない人びと（たとえば，マネージャーや重役など）にとって，非常に魅力的なようである。このような人たちは，タイトルに「アクセプタンス」，「コミットメント」，「セラピー」といったことばを含むワークショップに参加したがらない。第二に，社会スキル訓練を行う場合，クライエントに対して「この訓練のゴールは，

あなたに欠けているところを修復することでなく，あなたの長所——あなたのEI——を伸ばすことなのです」と伝えるとよい。このように長所を強調することは，クライエントにとって非常に大きな動機づけとなるだろう。第三に，「情動」を「知性」と組み合わせたことばを使うことで，情動が必ずしも効果的な（つまり，知的な）行動と正反対のものではないことが示唆できる。これは，本書のほとんどの内容と合致している。というのも，本書のテーマは，ネガティブな情動を持ちながら，同時に，効果的なアクションを行うことを教えることだからである。第四に，感情をアクセプトするという「積極的な力」をすぐには理解できないことがある。これを受動的である，「断念する」ことである，などと見なしてしまうのである。介入を「EI向上のため」と言い換えることで，「その介入のテーマとは，より効果的になり，自らが本来持っている力を全面的に実現できるよう支援することである」と端的に示すことができる。そして最後に，情動知能は，標準的な知能とは質的に違うものとしてとらえられることが多い。このよくあるとらえ方は特に，クライエントが役に立たない理由づけや反すう行動を行っている場合に役立つかもしれない。情動知能は，理由づけや広範囲の言語的プロセスを必ずしも含まないものとして見なすことが可能だからである。クライエントに対しては，自分の知人の中で，ものごとを理屈で考えることは非常に得意なものの，情動的には「知的でない」人を思い浮かべてみるように，求めるとよいだろう。そうすることで，「標準的な知性」を超越するスキルが必要であることを，クライエントが理解しやすくなる。

社会-情動的訓練

　本章の内容は，CBTの実践家が「社会スキル訓練」と呼ぶものに，おそらく最も緊密に関係しているだろう。しかし，ACT-CBT統合モデルのスキル訓練には，少なくとも2つの明確な性質の違いがある。第一に，スキルは大部分が体験によって獲得される。言語的指示（「もっとアイ・

コンタクトをとりなさい」など）は最小限にされる。というのも，前の章でも論じたように，言語的指示は，環境的な状況の変化に対して柔軟性や感受性に欠ける結果を生じさせかねないからである[65,108]。第二に，典型的なスキル訓練とは異なり，ACT-CBTの統合モデルの訓練は，社会的なエクササイズのいずれにも，本書で示される鍵となる要素すべて——ウィリングネスとアクセプタンスの実践，やっかいな言語的内容と情動的内容からの脱フュージョン，価値の同定——を含んでいる。

　アサーティブネス（自己主張）は，CBTで特によくターゲットにされるスキルの1つである。以下のワークシートを見ると，ACT-CBT統合モデルの中で，このようなスキルにどのようにアプローチしていったらよいのかがわかるだろう。まずは，クライエントに記入させる前に，「クライエント・ワークシート：効果的に主張する」を見てみよう。

クライエント・ワークシート
効果的に主張する

1．状況：

2．気分と思考：

3．耳を傾けても役に立たない気分や思考を○で囲んでください。

4．この状況で，理想的としては，あなたは何を達成したいですか？（あなたが価値づけすることという観点から考えてみてください）

5．この状況において，アサーティブになることは，あなたが自分の価値を生きることに役立つでしょうか？

答えが「いいえ」の場合，あなたはアサーティブになる以外に，何をしたいと思うか（何もしない，あるいはその状況について友人に話す，など），考えてみてください。

答えが「はい」の場合，以下の文を完成させてください。これは，あなたが自己主張をするための方法のひとつとなります。

自己主張をするための方法

（　　　　　　　　　　　　　　　　　　　　　　　）時に，

私は（　　　　　　　　　　　　　　　　　　　　　）と感じる。

なぜなら（　　　　　　　　　　　　　　　　　　　　　　）。

ワークシートを見るとわかるように，クライエントは最初に，自分がアサーティブに行動したい状況を同定するように求められる。クライエントは，その状況で発生する思考と気分を書きとめ，「耳を貸し」ても役に立たないと思われる思考や気分を丸で囲む。内的体験について書くという，この単純なアクションが，脱フュージョンの介入となる。クライエントが自分の思考を通してものごとを見るのではなく，思考の内容を見る，ということを意味するからである。

次に，クライエントは，その状況で自分は何を達成したいのか，と質問される。これは，クライエントに，自分の価値と，その価値と関連する自分の行動の結果という観点から，ものごとを考えるように促す。このような要因をすべて考察したうえで，アサーティブになるのが最善であるとクライエントが考えた場合，私たちはクライエントに，アサーティブな言い方の準備するための一般的な構造を示す。ただし，クライエントは，この構造を必ずしも使わなくてもよい。これは，単なるスタート地点にすぎないからである。セラピストと一緒にアサーティブな対応をロールプレイすることが最善かもしれない。セラピストは，簡単なフィードバックを提供するとよいだろう。「あなたのその言い方は，私は好きですね」とか「最初の対応よりも2番目の対応が良かったと私は思います」などである。以下に示すのは，クライエントが「効果的に主張する」ワークシートを記入した一例である。

クライエント・ワークシート
効果的に主張する（見本）

1. 状況：

   親しい友人が，他人に私の私生活について話している。

2. 気分と思考
   （怒り）
   動揺
   彼女は私を裏切った
   （私は誰も信頼できない）

3. 耳を傾けても役に立たないであろう気分や思考を○で囲んでください。

4. この状況で理想的には，あなたは何を達成したいですか？（あなたが価値づけすることの観点から考えてみてください）
   彼女がうわさ話をするのを減らしたい。
   信頼のある友情を確立したい。

5. この状況において，アサーティブになることは，あなたが自分の価値を生きることに役立つでしょうか？
   はい

答えが「いいえ」の場合，あなたはアサーティブになる以外に，何をしたいと思うか（たとえば，何もしない，あるいはその状況について友人に話す），考えてみてください。

答えが「はい」の場合，以下の文を完成させてください。これは，あなたが自己主張をするためのひとつの方法となります。

自己主張をするための方法

（　あなたが私の秘密を人に話している　　　　　　　　　　　　　　）時に，

私は（　動揺している　　　　　　　　　　　　　　　　　　　）と感じる。

なぜなら（　あなたが話をした人たちは，その秘密を私の不利益となるように利用したり，私に対してこれまでとは違った振る舞いをするようになったりするかもしれないから　　　　　　　　　　　　　　　　　）。

このワークシートによって，主張訓練をいくらか構造化することができるだろう。しかし，多くの場合，これは，より詳細な脱フュージョン，アクセプタンス，価値のワークを行うためのスタート地点にすぎない。たとえば，リサというクライエントが，自分はアサーティブにはなりたくないと言ったとしたら，その理由を探求することになるかもしれない。リサのアサーティブではない反応は，体験の回避によるものかもしれない。たとえば，彼女は他人の気分を害するという可能性に伴う苦悩を進んで体験しようとは思わないのかもしれない。また，「私は友人の気分を害してはいけない」，「私が意見をはっきり言うと，私は友人から嫌われてしまうだろう」といった信念とのフュージョンによる可能性もあるだろう。

他に考えられる可能性として，リサは主張をしたいと思っているのだが，セラピストであるあなたには，主張をしてもリサの価値には役立たないように思われる場合もある。たとえば，リサは，友人を罰したり，辱めたりするような攻撃的な行動をとりたがっているかもしれない。この行動は，「信頼ある友情を確立する」というリサの価値と一致しないだろう。このようなセラピー上の岐路においては，セラピストがリサに，彼女が何をする「べき」かを指示しないようにすることが決定的に重要である。むしろ，リサが自分自身の価値と，自分の行動の結果として起りうることについて，自覚を高められるよう求めるべきである。リサが何度も何度も，「私は，このような行動をとることで，自分が価値づけしているものに近づけるだろうか？」と問うよう支援する。

体験的ロールプレイ法

体験的ロールプレイ法は，このようなアサーティブネスに対するアプローチの延長上にあり，これを使ってさまざまな難しい社会的状況への対処を練習することができる。この方法は，RosenfarbとHayesとLinehan[108]の研究から生まれたものである。この研究者らは（このセッションで説明されているような）体験的フィードバックが，成人における社会

的スキルの欠如を改善することを指摘したのである。対照的に，特定の行動を変えるように（たとえば，アイ・コンタクト，身体の姿勢など）指示しても，社会的スキルは改善しなかった。体験的ロールプレイ法は，大きく分けて次のようなステップで実施できる。

ステップ1．社会的状況の詳細を引き出す

　セラピストとクライエントは，困難な社会的状況と，それに関与する人を明確に特定する必要がある。この状況は，どのようなものでもよい。職場でいじめをする人への対処に関わる状況かもしれないし，パートナーに何か重要なことを要求したり，子どもに躾(しつけ)をしたりといった状況かもしれない。表8.1は，難しいと感じられることの多い典型的な行動パターンの例[16]である。クライエントが自分自身や他人の行動パターンを同定しやすいように，この表をクライエントに見せてもよいだろう。「石の壁」などのこの表の用語を使う際には，クライエントが複雑な行動パターンを理解できるよう支援するために，それらの用語を使用するのと同時に，用語からの脱フュージョンを促すことが重要である。たとえば，コニーが夫を「石の壁」と説明した場合，セラピストは，そのことばが指しているのはどんな行動パターンであるのか，そして，それに対して彼女はいつもどのように反応しているのか，コニーが正確に注目できるようにする。それと同時に，セラピストは，「石の壁」というのは単なることばであり，評価であるにすぎず，あまり深刻にとらえるべきではないことにコニーが気づけるように支援する必要もある。評価した内容そのままの人（評価＝人）など誰もいないからである（第5章参照）。

　グループ・セラピーを行っているとしたら，その社会的状況にはグループのメンバーが関わってくるだろう（たとえば，人前でのスピーチ，ミーティングでフィードバックを与える，など）。したがって，グループのメンバー全員が，ロールプレイをするのに一役買ってくれるはずである。実践家としてのあなたは，細部のこまごまとした部分を十分にかき集め，本

第8章 こころの知能指数（情動知能）を高める　233

表8.1：困難な行動のパターン

パターン名	行動
石の壁	答えてほしいときや会話を必要とするときに黙ってしまう 何を言っても，とても短い応答しかしない 不快な状況に対して「心を閉ざす」ことで反応する
微笑する暗殺者	受動的に攻撃するやり方で反応する 普通に，あるいは親切にさえ行動しているふりをするが，あなたを批判したり，傷つけたり，からかったりする意図のことを言う 行動が曖昧なので直接的に対決するのが非常に難しい。行動は有害に思えるが，当人はただ「冗談を言ってみただけ」とかわす
雄牛	強烈で攻撃的なやり方で反応する 他人を圧倒し，人を「踏みつけ」にしようとする 虐待的で，突発的で，脅迫的で，傲慢な態度をとる 会話にことばを差しはさむのが非常に難しい
路上封鎖	ほとんどどんな提案やアイデアに対しても，何がしかの欠点を発見する 問題ばかりに目をつけ，解決策は一切考えないようである
超親切	面と向かっては常に親切で，合理的で支援的に行動するが，あなたを支援しなかったり，隠れてわざと何かをしたりすることが多い（例：悪いうわさ話）
全知	完全に確信しているといった口調で，他の誰かの見解を受け入れる余地がほとんどない 自分の計画が明らかによくないときでさえ，あくまでその実施を強く主張する
優柔不断	決断を遅らせ，ものごとを行うのを拒み，完璧な解決策を求める

物のロールプレイを創造できるようにすることが必要だろう。たとえば，次のようなシナリオを作る。クライエントがミーティングのリーダーを務めようと試みるものの，メンバーのひとりが「微笑する暗殺者」となり，クライエントにははっきりとは聞こえないが，グループの他のメンバーには聞こえるように，静かな声で，クライエントについて侮辱的なことを言

う，というものである。

　ロールプレイで他の誰かである「ふり」をするというやり方は，一部のクライエントにとっては難しく感じられるかもしれない。しかし，私たちの経験から，人というのは自分が役を演じていることをすぐに忘れるものである，といえる。第2章で示したように，私たちのことばには，社会的体験を現実のように思わせ，「現実の」世界で生起するような反応を他人から引き出す力があるからである。

　ターゲットとなる社会的状況を明確に理解したら，何か1つ，短いロールプレイを行ってみるとよいだろう。クライエントは，その社会的状況で自分がいつも行うことを実演する。そして，あなた（個人セラピーの場合），あるいはグループ（グループセラピーの場合）が，その社会的状況における他の人物（たち）を演じる。後に，ステップ3で，その社会的シナリオを繰り返すが，そこではクライエントが異なる行動を実験的にやってみることになる。

ステップ2．ウィリングネス，脱フュージョン，価値を同定する

　ロールプレイを1つ行えば，その社会的体験についていろいろと考えることができるだろう。これは，次のワークシートを完成させるチャンスである。対話しながらホワイトボードに書いていってもよいし，個人的にワークシートに記入していってもよい。個人セラピーでも，グループセラピーでも，使用可能である。クライエントは，自分自身とその社会的状況に関与する他の人（たち）の両方における，やっかいな私的体験と価値を同定する。その後，クライエントには，自分が価値づけすることを行うためなら，こうした状況を出現させることにウィリングネスかどうかを質問する。たとえば，クライエントが自己主張をしようとしているのなら，あなたはクライエントに次のように質問するとよいだろう。「自分自身の中には不安が現れ，相手には怒りが現れることにウィリングネスになることができますか？」という質問である。クライエントの答えが「はい」ならば，ステップ3に進む。答えが「いいえ」の場合は，やっかいな気分や思考に

対して，何らかの脱フュージョンのワークをする必要があるかもしれない。あるいは，何か別の行動を選択して取り組んでもよいだろう。

クライエント・ワークシート
社会的状況でのウィリングネス，価値，コミットメント

価値：あなたはどのような価値を生きたいですか？

相手の価値：その相手はどのような価値を生きていますか？

内なる「いじめっ子」：どのような私的体験が，あなたを「こき使い」，あなたが価値づけている行動の邪魔をするように思えますか？

内なる「いじめっ子」：どのような私的体験が，その人を「こき使い」，その人が価値づけている行動の邪魔をしているようですか？

思考／評価：

思考／評価：

感情：

感情：

ウィリングネス：自分が価値づけることを行うために，自分自身と相手の私的体験に対してスペースをつくることにウィリングネスになることができますか？

はい：次のステップに進み，価値づけられた行動にコミットしましょう。
いいえ：実行すべきの別の価値を選ぶ必要があるでしょう。

コミットメント：具体的にあなたはどのようなアクションに，つまりあなたの価値を生きるようなどのようなアクションに，コミットしたいですか？

つながり：あなたはどのようにその相手の価値を支援できますか？

ステップ3．実験を行い，体験的フィードバックを提供する

　最終段階では，クライエントに，困難な社会的状況を毎回異なるアプローチを試みながら，複数回にわたってロールプレイするよう求める。ロールプレイは2〜10分間ほどとする。各ロールプレイの後には，簡単なフィードバックが与えられるようにする。セラピスト（グループセラピーの場合には，他のクライエントも）は，その行動を1（きわめて未熟である）〜9（きわめて熟達している）までの尺度で評定するだけにしておくことをお勧めする。評定に対する詳しい説明は，ほとんど，あるいはまったく加えないほうがよいだろう。この評定はあなたの「直感的気分」に基づいた意見であり，したがって，セラピストであるあなたにも，その評定が具体的にどの行動に基づいたものであるのか特定できないと説明するのが，いちばん無難かもしれない[108]）。

　ステップ2とステップ3では，重要な鍵となるACT-CBTプロセスを活用するチャンスが豊富にある。たとえば，他人の思考や気分をコントロールするという，非生産的な試みにクライエントが従事していると思われる場合には，そのコントロールの手段の効用について詳しく探ってみるとよいだろう（第6章参照）。第一に，クライエントに，自分は他人をコントロールするためにどのような方略を用いているのか，リストアップしてもらう。コントロール方略とは，他者の行動を変容しようとするすべてのことである。これには，うるさく小言を言ったり，相手に怒鳴ったり，あるいは無言で応対したりうわさ話をしたりといった，さまざまな形態の罰が含まれる。または，お世辞など，さまざまな形態の強化も含まれるだろう。コントロール方略である可能性のあることをリストアップしたら，その方略の短期的効用と長期的効用を詳しく調べるとよい。そのコントロール方略は，実際にその相手を変えるだろうか。その価値以上に，問題を引き起こしてはいないだろうか。最後に，コントロールに代わる方略を探ってみるとよいだろう。これには，その相手のありのままの姿を受け入れ，変えようと試みないことに伴う苦痛な感情を体験することにウィリングネスであることが必要である。

体験的ロールプレイ法はまた，社会的にバランスのとれた見方をするように促し「文脈としての自己」と関連づけることもできる。クライエントは，自分と他人がどのように行動し，感じ，価値づけているのかに着目することを学ぶ。セラピストはクライエントに，ものごとの見方を異なるものへと変えるという体験に着目させ，その間ずっとその異なる見方を観察できる「誰か」が存在していることに注目するよう求めるとよい。クライエントは，観察者としての自己，つまり，自己評価や他者評価を見つめていて，これらの評価とイコールではない自分と接触できるだろうか。この観察者は，クライエントがロールプレイで異なる行動の反応を試しているときでさえ，ずっと存在している。

体験的ロールプレイを行った後，私たちはしばしばクライエントに，次のようなプリントを配る。「後悔の種になることをせずに，困難な社会的状況に対処する方法」というものである。このプリントの主な目的は，クライエントがセラピー以外で，ウィリングネス，脱フュージョン，価値を実践するように支援することである。STOP——S（stop and step back：立ち止まり，一歩引け），T（take a breath：一息つけ），O（observe：観察せよ），P（put your value into play. do what works：価値を実践せよ。役立つことをせよ）——という頭字語を使って，クライエントが，自分がどのように感じるかということと，自分が何をするかとの間に，少し「間を置く」ことができるようにする。自分の行動を選択するのに，ちょうど十分なだけの時間を与えてくれるのである。

クライエント用プリント
後悔の種になることをせずに，困難な社会的状況に対処する方法

　朝，目が覚めて，「今日は，私が自分の人生をメチャメチャにする日だ」と考える人は誰もいません。それでも，私たちは常に，後から後悔するようなことをしたり，言ったりしてしまいます。

　しばしば，誰かが私たちを怒らせ，動揺させることをします。それが「人生」というものです。

　「あなたとあなたの感情はイコールではない」ということを覚えておくことが大切です。あなたは怒りを体験するかもしれませんが，怒りは過ぎ去っていきます。怒りはバスの乗客のようなもので，あなたはバスの運転手です。怒りはあなたに怒鳴りつけ「あの歩行者をひいてしまえ！　もっと早く走れ！　あいつに追い越されるな！」と言います。けれども，あなたはその怒りの声に耳を貸さなくてもよいのです。

　同じように，多くの社会的状況で，あなたの感情はあなたに怒鳴りつけ，何かをするように言ってきます。あなたは，自分がしたくないのであれば，そうしなくてよいのです。

　あなたが苦痛な社会的状況にあるときに，後で後悔するようなことをしないための4つのステップを紹介します。

STOP

1．S：立ち止まり，一歩引きましょう（Stop and step back）

　自分の感情に基づいて，即座に行動してはいけません。感情の波にさらわれないようにしましょう。そうではなく，その場の衝動を抑え，あなたのマインドがあなたに言っていることに注目し，立ち止まり，一歩引いてみましょう。

2．T：一息つきましょう（Take a breath）

息を深く吸って，ゆっくり吐き，そして自分の呼吸に注目しましょう。

3．O：観察しましょう（Observe）

外部の観察者として，その状況を見ましょう。あなたはどのように感じ，何を考えているのでしょうか？　観察してみましょう。自分の感情を抑制したり，遮断したり，あるいは排除したりしようとしてはいけません。感情が，打ち寄せては返す波のように，あなたに覆いかぶさるがままにしましょう。自分の感情を進んで体験してみようとしてください。

自分の思考（特に評価やルール）を除去しようとしないようにしましょう。思い出してください。思考は事実ではありません。単なる「ことば」なのです。体験，感情，思考があなたのマインドの中に入ったり，さっと立ち去ったりするのを，そのままにしておきましょう。

4．P：価値を実践しましょう。役に立つことをしましょう（Put your value into play. do what works）

今や，あなたは，問題から距離をとり，視点をとることができたのですから，自分にとって最も良いことは何かを決定することができます。あなたは，自分のアクションが引き出す結果をよく考えるべきです。それらの結果があなたの価値に合致する場合にのみ，それを行いましょう——そして忘れないでください。あなたの価値の中には，他の人たちに対してうまく接することに関わることも一部含まれているかもしれません。

あなたは，自分の感情，評価，ルールに大きな顔で威張り散らされたいですか。そのような「いじめっ子」が威張りだしてきたなと感じたなら，STOPということばを思い出せば，何をすべきかをあなたに思い出させてくれることでしょう。

「ゼロ・サム」ゲームと「分離された自己」の幻想

　「ゼロ・サム」ゲーム［訳注：あるプレイヤーの利益がもう一方のプレイヤーの損失となり，全体では常に損得の総和がゼロとなるゲーム］は，人間関係にとって最も破壊的なもののひとつである。このゲームは「『象徴的なモノ』（たとえば，愛，承認，パワー，重要性，非難）は，その総量があらかじめ決まっている」という信念を前提としている。さらに，このゲームの参加者は「相手がより多く持っていれば，その分，自分は少なくなる。そして，その逆もまた真である」と信じている。たとえば，誰かがうまくやっていれば，自分はその分うまくやれていないように感じる。誰かが注目を集め，重要であると扱われていれば，自分はその分重要ではないかのように感じるのである。おそらく，誰もが一度は，このゲームをしているはずだ。

　「ゼロ・サム」ゲームは，情動のコントロール方略として使用されることがある（第6章参照）。たとえば，私たちが誰かの重要性を（たとえば，その人をけなすことによって）減じることができたなら，私たちは相対的に自分をもっと重要であると感じるかもしれない。また，このゲームは「概念としての自己」（たとえば，「私は重要な人物である」）を確立しようとする試みも伴っている（第4章参照）。

　残念ながら，コントロール方略と「概念としての自己」は，相手との関係を引き裂いてしまう可能性がある。たとえば，私たちは，他人を非難し，自分には非がないように感じることで，自分の気分を改善できる。しかし残念ながら，非難行為はしばしば相手を怒らせ，非難し返すように仕向ける。非難合戦はどんどんエスカレートし，収拾がつかなくなってしまうことがある。そもそも自分たちはいったい何について言い争っていたのか，関係する者全員がたちまち見失ってしまいかねない。

　クライエントとワークをするときには，役に立たない「ゼロ・サム」方略を弱める方法が数多くある。第一に，クライエントがそのような方略を自覚し，それには回避機能（第6章参照）があるかもしれないということ

に気づけるように支援するとよいだろう。このような方略は，しばしば，短期的には人の気分を改善するものの，長期的には対人関係にとって破壊的となる。第二に，クライエントが「観察者としての自己」と接触し，自己概念と，その自己概念に注目する「自己」との区別（第4章参照）に注目し始めるように支援するとよい。こうした介入によって，クライエントは，自己を防衛したり，自己を確立したりしようとする試みを放棄しやすくなるはずである。最後に，認知構成法（第3章参照）も行ってみるとよいだろう。この介入は，クライエントが，自分たちは本質的に互いに結びついていると認識するのを助けることになる。情動的な反応が生じるには，たいてい1組（2名）の人間が存在することが必要である。たとえば，怒りのエピソードがあ

図8.1：怒りの回路

るためには2人の人間が必要である。一方の人が参加しなければ，「回路」が成立することはない（図8.1参照）。

このようなイラストを見れば，他者に対峙する自己という考え方についてあらためて考えさせられるだろう。「ゼロ・サム」ゲームというのは，「分離された自己」の存在を信じるときに限って機能するのである。「分離された自己」が一切存在しないとき，私たちは，いかに多くを共有しているかを理解し始める。相手の取り分が増えると，自分の取り分も増える。相手の取り分が減ると，自分の取り分も減るのである。このようなフレームづけは，愛と友情を促進する可能性が高い。図8.2は愛の「回路」を示

している。愛の回路において，私たちの体験は，しばしば相手の体験と互いに絡み合っている。

結論

　希望と恐怖は同じコインの表裏である。心からの親密な関係になりたいというのは，私たちの最も深い希望であるとともに，最も深い恐怖でもある。愛するということは，判断され，笑われ，蔑まれ，失望させられ，拒絶されるリスクを冒すことなのである。

図8.2：愛の回路

　人間関係の不和や苦悩を体験したとき，私たちには3つの選択肢がある。①その関係を断念する。②その関係にとどまりつつも，苦悩を感じないように，その関係をコントロールしようとする。③その苦悩をノーマルなものとしてアクセプタンスし，抱え続けながら，親密で支援的な関係を築くよう試みていく。これらの選択肢のどれもが，理にかなっているといえるだろう。本章は，③の選択肢の実現に役立つことを意図している。

　ACTプロセスのすべてが，支援的で親密な関係を促進するだろう。少し立ち止まって，あなたが最も好きな人たちについて考えてみてほしい。あなたがその人たちと一緒にいるとき，その人たちはマインドフルで，あなたに対して十分に向き合っているだろうか。彼らは，あなたをあなたのままにアクセプトしてくれているだろうか。あなたが成功したときには，自分のことのように喜んでくれるだろうか。それとも，嫉妬や苦悩を感じるだろうか。彼らは，明らかに自分の社会的価値のために生きているだろうか。それとも，自分の気分や不安に振り回されているだろうか。

　人が常に，マインドフルであり，アクセプトでき，嫉妬にかられることなく，価値を生きることを期待することはできないかもしれない。自分自

身のことだけでも，そのように生きることを期待はできない。しかし，これらを共通の理想として掲げることならできる。私たちが，相手のハートの中へと入っていく旅の道しるべとして，この理想を使うことはできるのである。

あとがき

　CBT は，何十年にもわたって，人びとの生活を改善してきた。そして，ACT は，新しくエキサイティングなセラピーである。心理学の歴史が示唆するように，新しいセラピーが登場すると，人はしばしばそれに心を奪われ，過去のセラピーの洞察を忘れてしまうことがある。かつては新しく，「トレンド」であった数多くのセラピーを考えてみてほしい。クライエント中心療法，精神力動的心理療法，ゲシュタルト療法，合理情動行動療法，感情焦点化療法，パーソナル・コンストラクト療法，解決志向短期療法，スキーマ療法，実存療法，ストレス免疫訓練，などである。これらのアプローチはどれもそれぞれ，何かしら価値あるものを持っていることは疑いようがない。

　なにも，良いワークをするために，1 つのセラピーのパッケージやセラピーの名前に執着する必要はない。それより，指針となる理論と哲学を持つことの方が重要である。そうすれば，技法の形態やその由来にこだわらず，その技法の機能（それが何をするか）に焦点を当てることができるからである。本書で紹介した技法は，それぞれ形態がきわめて多様であり，その由来も広範囲で多岐にわたる。とはいえ，それらは同じ理論（関係フレーム理論）と哲学（機能的文脈主義）を基盤に持ち，いずれも同じ目的を持っている。その目的とは，「柔軟で，価値に適合した行動を促進する」というものである。

　つまるところ，CBT の実践家と ACT の実践家というのは，相違点よりも類似点の方が多いといえるのではないだろうか。おそらく，最もよく似ているのは「価値」のレベルだろう。ACT の実践家と CBT の実践家はいずれも，①人びとの苦しみが減り，人びとが②自分自身の人生の著者

となり，③人生の中へと「力強く入り込み」，自分の才能を存分に発揮して，④友情と愛を育むことができるように支援しようとしている。これらは，すばらしく価値があるものである。そして，著者として，本書がこれらの価値に十分に役立つことを願っている。

付　録

セラピストのための自己探求ワークブック

　このワークブックは，セラピーにおいて，自分がどのような種類のプロセスを実行しているか，また実行可能だが，まだ実行していないプロセスは何か，ということを同定するためのガイドである。プロセスは重複する部分があるため，ときとして，ある1つのエクササイズが複数のプロセスに関わってくることもあるだろう。このワークブックは，「機能的アクセプタンス&コミットメント・セラピー尺度」[100]の修正・拡張を試みたものである。このワークブックに挙げられている方略のなかには，本書で紹介されたACT-CBT統合モデルと適合しない点もいくつかあることに注意してほしい。

　私たちが推奨するのは，以下のやり方である。

- 自分のセッションを録音する
- 録音を聞き直し，自分が行ったことについて詳しくメモをとる
- このワークブックを用いて，自分が実行したプロセスを同定する
- セラピスト評価シートを完成させる

　理想としては，信頼のおける同僚1〜2名にもこの評価システムを学んでもらい，あなたのセッションを評価してもらうとよい。評価対象となる介入の多くは，本書か，あるいは中核的なACTマニュアル[71]で説明されている。

典型的に，認知構成法（カテゴリー9）と情緒／身体感覚変容方略（カテゴリー11）は，ACTでは最小限に抑えられており，一方CBTでは比較的頻繁に用いられる。しかし，ACT-CBT統合モデルでの認知構成法の活用についての例は，第3章を参照されたい。また，ACT-CBT統合モデルでは，情緒／感覚変容方略が「禁じられている」わけではない。クライエントの他の価値と対立せず，かつ役に立たない情動コントロール行動（第6章）を強化しない限りにおいては，それらの方略も行われる可能性がある。なお，特定のエクササイズや関連情報の本書の参照先を（　　）内に示した。

1．脱フュージョン

　このエクササイズの意図は，思考やその他の私的事象の望ましくない機能を変えることであり，それらの形態や頻度を変えようと試みることではない。

A．特定の思考と感情が生起したときに，クライエントがそれを見る（それを通して見るのでなく）ことができるように支援するエクササイズ

　　1．役に立たない思考を書いて，それを持ち歩く
　　2．「それに対して，あなたのマインドに感謝する」（例：マインドを自分自身とは別個のものとして扱い，マインドが役に立たない評価を示すたびに，それに感謝するようクライエントに教える）

B．形式的な刺激と恣意的な刺激を区別するエクササイズ。クライエントが，言語的プロセスから生じる刺激と，直接体験から生じる刺激の差異を体験するよう支援する。

　　1．「記述 vs. 評価」エクササイズ（第2章）

C．問題となる解釈や意味づけを弱めるエクササイズ。この介入の目的は，自分自身の意味づけや問題解決から一歩引き，それをあまり深刻に受け止めないように支援することである。意味づけを通して見るのではなく，意味づけを見つめることを学ぶ。意味づけはしばしば，「人生物語」を創造する。クライエントはこのような物語を，拘束力のある現実としてではなく，単なる物語として見ることを学ぶ。

　　1．コンフュージョン（混乱）とパラドックス（矛盾）を利用する
　　2．混乱を解決しなければならないとするのではなく，そのままにし

ておくことを許容する
3．意味づけと自己に関する物語作成の有効性を検討する

D．標準化された「ことばの約束ごと」を崩すエクササイズ

1．「速く話す」vs.「ゆっくり話す」
2．やっかいな思考を繰り返す
3．やっかいな思考をおかしな声で言う
4．標準的な文法を崩して話す
5．話し方に関連する標準的な社会的ルールを崩して話す（例：同意して頷くことをしない）

E．思考と感情に，形，大きさ，色，速度，形を与えることで，クライエントがそれを外的な出来事として扱うようにするエクササイズ

1．モノ化エクササイズ（例：「バスの乗客」，第2章）

F．生起した思考や感情を，好奇心を持って見つめるようにするセラピストの対人的行動

1．クライアントの隣に座って，想像上の感情，思考，自己評価を見つめる

2．アクセプタンス

　アクセプタンスとは，やっかいな感情，思考，記憶，そして身体的感覚を，その頻度や形態を変容するという無用な試みを行うことなく，能動的かつ意識的に受け容れることを意味する。これはまた，自分自身の感情に対する行動的な反応性を抑制することも意味する。反応性が生起するのは，

役に立たないコントロール行動がきまって生起するような情動の体験のときである。

A. 創造的絶望（絶望から始めよう）：クライエントは，それまで何と戦ってきたのか，体験をコントロールするためにどのような方略を用いてきたのか，またその方略は短期的，長期的にどのような効用があったのか（あるいは，なかったのか）を，クライエントが同定できるように支援する

B. クライエントがコントロールに代わる方略，すなわち，ウィリングネスとアクセプタンスに触れられるように支援する

　　1. 情動のコントロールとウィリングネスのスケール（第6章）
　　2.「モンスターとの綱引き」メタファー（第6章）

C. クライエントが「コントロール方略がうまくいかない」ことを体験するように支援する

　　1.「チョコレート・ケーキ」エクササイズ（第6章）
　　2.「ウソ発見器」のメタファー（第6章）
　　3.「『食べられるな』マシーン」のメタファー（第2章，第6章）

D. クライエントがウィリングネスとアクセプタンスを実践するように支援する

　　1. セッション内でのエクスポージャー：究極的にクライエントの価値に役立つように，セッションの中でやっかいな思考，感情，衝動，記憶，身体感覚（このうち1つでも複数でも可）を体験するようにクライエントを促す

2．行動的エクササイズ：自分が価値づけていることに役立つように，クライエントに進んで苦悩を体験させる
3．感情に基づいて行動するのではなく，感情を持ったまま実践をする（例：渋滞しているときに，誰かの車が自分の前に割り込んできても，怒鳴ってクラクションを鳴らしたりしない）
4．体験的ロールプレイ法を利用し，クライエントが苦悩を感じながらも困難な社会的行動を起こすことが実際にできるように支援する（第8章）

E．やっかいな思考を持ち，それを抱えたままでいることについてクライエントを賞賛する

F．クライエントが現在格闘している感情や身体感覚を詳細に調べる

G．クライエントの感情と思考をすべてアクセプタンスするような，セラピストの対人的行動

3．「今，この瞬間」との接触

　このエクササイズでは，どのような心理的事象や環境的事象が生起しても，クライエントがあれこれと判断することなく，それをそのまま体験するように支援する。エクササイズのゴールは，クライエントに「より直接的に」世界を体験させ，そうすることで，変化する環境の要求に対して，より対応した行動がとれるようにする（つまり，もっと柔軟になる）ことである。なお，マインドフルネスが苦悩を減らす目的で行われる場合，ここではカテゴリー11（情緒／感覚変容方略）にも分類される。

A．私的（内的）体験をマインドフルに見つめる（カテゴリー1の「脱フュージョン」も参照）。言語プロセスにとらわれるのではなく，言語

プロセスがまさに生じているときに，それを見つめるようにクライエントを支援する実践

1. 流れに漂う葉っぱ（目を閉じて，流れに漂う葉っぱを想像する。ひとつひとつの思考あるいは情動が，あなたの中に現れるときに注目し，それを1枚の葉っぱの上にのせる）
2. ベルト・コンベアー（「流れに漂う葉っぱ」によく似ていて，クライエントは各思考や情動をベルト・コンベアーの上に置くと想像するだけである）

B. 私的体験が生起する際に，それを観察して，各体験に説明的な名称（例：「思考」，「気分」）を与える

C. 外的体験のマインドフルネスを促進する（例：マインドフルに見つめる）

D. 焦点化したマインドフルネスを使う（例：呼吸のマインドフルネス）

E. クライエントの感情，思考，苦闘，希望に全面的につながり共に「在る」ような，セラピストの対人的行動

4．文脈としての自己

クライエントに対して，観察された内容とは切り離された「観察している」自己の感覚を体験するように支援するとともに，自分は自分の感情，苦痛，思考，苦悩とイコールではないと理解させるエクササイズ。

A. 「概念としての自己」への執着を弱める

1．「自尊感情ゲームのネガティブな側面」エクササイズ（第4章）

B．「視点としての自己」の自覚を作りだす

　　　1．チェス盤のメタファー（第4章）
　　　2．「『自己』発見」エクササイズ（第4章）

C．「概念としての自己」を「観察者としての自己」と対比する

5．価値

　クライエントが人生の方向性を選び，自分の価値をことばで明確に述べるのを支援するエクササイズ（第7章）

A．フレームワークを設定する

　　　1．価値とゴールを区別する
　　　2．行為としての価値（価値は達成可能なものではない）
　　　3．価値とゴールの重要性

B．価値の明確化

　　　1．「人生の原理」に関する調査（第7章）
　　　2．「スィート・スポット」エクササイズ（第7章）

C．前進しようとするときに直面する心理的バリア（例：フュージョン，回避）を同定する

D．価値づけとウィリングネスとが相互に関連していることを説明する

E．クライエントが，活力に満ち，重要であるものごとと全面的に接触できるように支援するためにデザインされた，セラピストの対人行動

F．動機づけ面接技法を用いてクライエントが自分の人生で望むものと接触できるように支援する

6．コミットされた行為

　クライエントが短期的，中期的，長期的な（価値とつながっている）行動のゴールを設定するように支援するエクササイズ

A．価値づけされた行為をとるように支援することを目的とする行動的ホームワーク（第7章）

B．行動的ホームワークを振り返り，効果的行為へのバリアを同定する

C．ウィリングネスをコミットメントに結びつける

D．ウィリングネスは量的には限定されるが，質的には限定されないことを説明する（例：ウィリングネスというのは，渓谷を飛び越えることに似ている。飛べるのは1回だけで，非常に小さなジャンプにするか，それとも非常に危険なジャンプにするかといったように，ジャンプの大きさを選ぶことはできるが，「飛ぶか飛ばないか」の全か無かの選択であることは常に変わりない）

E．楽しい（必ずしも価値と結びついているとは限らない）活動を増やす。ストレスを減らす目的で，活動スケジューリングをするのならば，それは感情変容方略として挙げるべきである（カテゴリー11を参照）。

F．セラピストの行動がコミットされた行為を強化する（例：「チアリーディング」）

G．動機づけ面接技法を用いて，クライエントが行為にコミットするよう支援する

7．スキル訓練

　クライエントが，実行やパフォーマンスにおいて，自分の知識を効果的かつ円滑に使用するように支援するエクササイズ。このカテゴリーが特に強調するのは，クライエントが対人関係やパフォーマンス，および日常生活の他の重要な側面において，セッション外で行っていることを，セッション内で実践的に練習するように支援することである。

A．社会スキル訓練を行う（第8章）

B．困難な感情を抱えながらも，うまく実行することを学ぶ（例：不安を抱えながら，楽器の演奏をしたり，スピーチをしたり，困難な社会的相互作用を行う）

C．親訓練（ペアレントトレーニング）を提供する

D．STOP：止まって，一歩引いて，観察して，価値を実践する（第8章）

E．クライエントの効果的な行動を強化する（例：必要に応じて，主張的な行動を強化する）セラピストの対人的行動

8．情動の理解を促進する

　情動を認識し，説明し，理解する能力。このプロセスは，しばしば他のプロセスと結びついている。たとえば，体験的ロールプレイ法（第8章）は，困難な社会的状況で，どのような感情が自分に現れてくるのかを同定できるように支援するために使用できる。

A．情動を同定する（自己）

B．情動を同定する（他者）

C．情動を効果的に表現する

D．情動の理解

　1．情動がどのように，いつ，喚起されるのか理解する（例：上司が部屋に入って来るたびにイライラが生じる傾向がある）
　2．情動が時間の経過と共にどのように進行するのかを理解する
　3．情動が複雑だったり，矛盾していたり，両価的であったりすることを理解する
　4．情動によって提供される情報を理解する（例：不安は通常，未来の望ましくない出来事の予想に関係している）
　5．しばしば，文脈によっては，タブー，悪いものとみなされる情動があることを理解する（例：子どもに対する怒り）
　6．情動や情動によって高ぶった思考は，かならずしも行動とリンクさせる必要がないことを理解する
　7．気分と情動の結果を理解する（例：不安なときには，至るところに脅威を感じやすい）

9．認知構成化

　これらの方略は，新しい認知構造（例：アイデア，信念，知識，態度）を発達させたり，古い構造の形態や頻度を変容させたり，あるいは古い構造の代わりに新しくもっと役に立つ構造を用いるようにしたりしようとするものである。このような方略が，ACT-CBT統合モデルと合致する可能性が高い場合，あるいは合致しない可能性が高い場合については，第3章を参照。

A．新しい知識や関係づけを発達させる

  1．心理教育を提供する
  2．自分自身に関するものごと（自分が価値づけするものなど）を学ぶように支援する行動実験を計画する

B．今ある関係づけに付加していく

  1．クライエントの長所を現在の問題に結びつける
  2．価値を苦悩としっかり結びつける（例：何か，あるいは誰か（子どもなど）に価値づけすると，苦悩もまた存在するようになることがしばしばあることを示す。価値づけは，価値のある何か，あるいは価値のある誰かを失う可能性を伴う）
  3．クライエントはどのようなときに高いウィリングネスを示すかを同定し，その能力を現在の苦闘と結びつける
  4．クライエントに「賢明な（wise）マインド」，「情動のマインド」，「理由づけのマインド」など，自己のさまざまな側面を説明するような用語を紹介する[83]。すべての方略と同様，この方略もACT-CBT統合モデルと合致したかたちでも，合致しないかたちでも使用することができる。その方略が，柔軟で価値と適合す

る行動を活性化するために使われ，機能的文脈主義と関係フレーム理論によって導かれたならば，それらはACT-CBT統合モデルに合致するものとなる。
5．洞察を養う
　　a．現在の行動は，過去の対人的行動，特に家族に関する行動の再行動化であることをクライエントが理解するよう支援する
6．認知プロセスに名前をつけ，説明する（ただし，あるタイプの思考に名前をつけた後，その思考の合理性に挑戦する場合は，次のカテゴリー〈「現在の関係の形態や頻度を変容する」〉に該当することに注意）
　　a．クライエントに「～すべき」，「～となったら，どうしよう……」，「～ねばならない」という思考の癖を紹介する
　　b．クライエントに「存在すること」と「行動すること」の間の区別を紹介する
　　c．「マインドで考えること」（比較する，評価する，過去や未来に焦点を当てる）と「マインドフルであること」の区別をクライエントに訓練する
　　d．クライエントに思考の誤りについて教える（例：黒か白か思考，読心術，破局的思考）
　　e．自分が過去や未来について反すうしているときに気づけるようクライエントに教える

C．現在の関係の形態や頻度を変容する

1．思考が行動を引き起こす，あるいは感情が行動を引き起こすという概念に反駁する
2．考え方がある特定の感情や行動を導くという考え方を強化する（このプロセスはACTよりも伝統的CBTにおいてより頻繁に見られる）

3. 認知的挑戦
    a．自動思考に反駁する
    b．媒介思考に反駁する
    c．中核信念に反駁する
        i．社会的な愛と承認についての中核信念（承認に対する強い要求）
        ii．パワーについての中核信念（コントロールやパワーに対する強い要求）
    d．認知的スキーマを変容するための技法をデザインする
4. よりポジティブな，あるいは有意義な見方で出来事や体験を再解釈する（例：「これはひどい出来事ではない。これは人生をより良い方向に変えた」）
5. 役に立たない思考やネガティブな思考を，合理的な，あるいはポジティブな思考で置き換える（「私は価値のないことをするかもしれないが，私はそれによって価値のない人間になることはない」）
6. コーピングのための自己陳述を促す（例：「私はこの状況に対処できる」，「勇敢であれ」などと自分自身に話す）
7. より高い権威（例：医師），より高い存在（神），運命などを信じれば，ものごとはうまくいくと信じるようクライエントを促す
8. 信念をテストし，変容するための行動実験をデザインする
    a．恥の実験：故意に何か恥ずかしいことを行い，困惑や恥はおぞましいものではないことを自分自身に示す
    b．活動の見た目の恐ろしさに挑戦するために，何か恐れている活動を行う
9. 不安や心配についてのメタ認知的信念に挑戦する（例：その心配によって不確実なことはすべて消えてなくなる，あるいは心配は役に立つ）
10. 意味づけと問題解決の訓練を提供する

11. 反すうについてのメタ認知的信念に挑戦する
12. 楽観主義をターゲットにする
    a. 説明様式（人はどのようにネガティブに，あるいはポジティブに，出来事の原因を説明するか）
    b. 絶望（未来は荒涼としていて希望がないという信念）
    c. 特性願望（経路思考〔pathways thinking：自分はゴールを達成するための道筋を知っているという信念〕，遂行思考〔agency thinking：そのゴールを達成する能力があるという信念〕）
    d. 自己効力感（自分はあるものごとをできるという信念。例：試験に合格する，課題を完成する）
13. セラピーや援助を求めることに対する，役に立たない態度をターゲットにする
14. 自己概念を変容する
    a. 自尊感情を発達させる（例：自尊感情を築くために自分が得意なことを同定する）
    b. 自尊感情によるコーピングを用いる（例：「私は大丈夫だ」と自分自身に言う）

10. 環境変化方略

これらの方略はクライエントの環境を変える試みである。

A. 環境的な先行事象を変容する（望ましくない反応を喚起する刺激を取り除く。たとえば，やるべきことを先延ばしにするのを減らすためにテレビを取り払う，など）

B. 環境的な結果事象を変容する（強化や罰〔弱化〕のスケジュールを操作する）

C．環境的な文脈を変容する（例：騒音を減らす，休暇をとるようクライエントに促す）

11．情緒／身体感覚変容方略

　これらの方略の主要な目的は，嫌悪的な私的体験の形態や頻度を減らすこと，あるいはポジティブな私的体験の頻度を増やすことである。これらの方略のターゲットには，情動，気分，感情，身体感覚が含まれる。先述の各方略（例：アクセプタンス，価値の明確化）はいずれも，情緒変化方略として使用可能である。ある方略の主要な目的が情緒の変容であるならば，それはこのカテゴリー11に分類されるべきである。二次的なカテゴリーは，カッコでくくって挿入すべきである。たとえば，抑うつを減らすために自尊感情の育成を行っているのならば，11（9）というコードに分類される。

A．深呼吸，漸進的筋弛緩法，およびその他の身体的な活動で，ネガティブな情緒を減らすことを主要な目的とする活動を促す

B．安心保証を提供する（安心させる）

C．情動のマネジメント，情動コーピング方略を教える

　1．認知的方略（例：何か他のことについて考える，注意訓練。これらの方略は，新しい認知構造の導入や古い認知構造の変容が主な目的ではないという点で認知構成法とは異なる）
　2．身体的方略を提案する（例：エクササイズ）
　3．生理学的方略を検討する（例：抗不安薬や抗うつ薬の使用）
　4．活動を促す（例：気分をよくするために，チャリティーに参加し

たり，浜辺に行ったりする）
   5．気分をよくするために，ソーシャル・サポートを求める

D．認知的な根拠を提供して，自分の思考や感情を変化させるようにクライエントを動機づける

   1．ものごとを考える方法がいかに自分の感情に影響を与えるか，つまり，思考を変容することで，感情を変化させることができる，ということを示す（このプロセスはACTよりもCBTで典型的に見られる）
   2．痛みの身体的感覚を減らすようにデザインされた認知的方略を提供する

E．カテゴリー1～10のどれでも，嫌悪的な感情を減らす意図で用いる

セラピストのための自己評価シート

クライエント No. _____　　セッション _____

	各方略をセッションのなかでどの程度まで用いたか？					
	全くなし	少し	いくぶん	かなり	大いに	
1．脱フュージョン	1	2	3	4	5	
2．アクセプタンス	1	2	3	4	5	
3．「今，この瞬間」との接触	1	2	3	4	5	
4．文脈としての自己	1	2	3	4	5	
5．価値	1	2	3	4	5	
6．コミットされた行為	1	2	3	4	5	
7．スキル訓練	1	2	3	4	5	
8．情動の理解を促進する	1	2	3	4	5	
9．認知構成化	1	2	3	4	5	
10．環境変化方略	1	2	3	4	5	
11．情緒／身体感覚変化方略	1	2	3	4	5	

どの方略を用いたか，またその意図された目的は何であったか？

文　献

1) American Psychiatric Association. (1994). *Diagnostic and statistical manual of mental disorders* (4th ed.). Washington, DC: Author.
2) Bach, P., & Hayes, S. C. (2002). The use of acceptance and commitment therapy to prevent the rehospitalization of psychotic patients: A randomized controlled trial. *Journal of Consulting & Clinical Psychology, 70*, 1129–1139.
3) Barlow, D. H. (2002). *Anxiety and its disorders: The nature and treatment of anxiety and panic* (2nd ed.). New York: Guilford Press.
4) Baumeister, R. F., Campbell, J. D., Krueger, J. I., & Vohs, K. D. (2003). Does high self-esteem cause better performance, interpersonal success, happiness, or healthier lifestyles? *Psychological Science in the Public Interest, 4*(1), 1–44.
5) Beck, A. T. (1970). Cognitive therapy: Nature and relation to behavior therapy. *Behavior Therapy, 1*(2), 184–200.
6) Beck, A. T. (1976). *Cognitive therapy and the emotional disorders.* New York: International Universities Press.
7) Beck, A. T., Weissman, A., Lester, D., & Trexler, L. (1974). The measurement of pessimism: The Hopelessness Scale. *Journal of Consulting & Clinical Psychology, 42*(6), 861–865.
8) Beck, J. S. (1995). *Cognitive therapy: Basics and beyond.* New York: Guilford Press.
9) Bernard, M., & Wolfe, J. (Eds.). (2000). *The REBT resource book for practitioners.* New York: Albert Ellis Institute.
10) Biglan, A., & Hayes, S. C. (1996). Should the behavioral sciences become more pragmatic? The case for functional contextualism in research on human behavior. *Applied & Preventive Psychology, 5*(1), 47–57.
11) Blackledge, J. T. (2003). An introduction to relational frame theory: Basics and applications. *The Behavior Analyst Today, 3*(4), 421–433.
12) Blackledge, J. T. (in press). Disrupting verbal processes: Cognitive defusion in acceptance and commitment therapy and other mindfulness-based psychotherapies. *Psychological Record.*
13) Bond, F. W., & Bunce, D. (2000). Mediators of change in emotion-focused and problem-focused worksite stress management interventions. *Journal of Occupational Health Psychology, 5*(1), 156–163.

14) Bouton, M. E. (2002). Context, ambiguity, and unlearning: Sources of relapse after behavioral extinction. *Biological Psychiatry, 52*(10), 976–986.

15) Braithwaite, V. A., & Law, H. G. (1985). Structure of human values: Testing the adequacy of the Rokeach value survey. *Journal of Personality & Social Psychology, 49,* 250–263.

16) Bramson, R. M. (1981). *Coping with difficult people.* New York: Dell Publishing.

17) Branstetter, A. D., Wislon, K. G., Hildebrandt, M., & Mutch, D. (2004, November). Improving psychological adjustment among cancer patients: ACT and CBT. Paper presented at the meeting of the Association for Advancement of Behavior Therapy, New Orleans, LA.

18) Bricker, D., Young, J., & Flanagan, C. M. (1993). Schema-focused cognitive therapy: A comprehensive framework for characterological problems. In K. T. Kuehlwein & H. Rosen (Eds.), *Cognitive therapies in action: Evolving innovative practice* (pp. 88–159). San Francisco: Jossey-Bass.

19) Catania, A. C. (1998). *Learning* (4th ed.). Upper Saddle River, NJ: Simon & Schuster.

20) Chomsky, N. (1959). Review of B. F. Skinner's *Verbal behavior. Language, 35,* 26–58.

21) Chomsky, N. (1965). *Aspects of the theory of syntax.* Cambridge, MA: MIT Press.

22) Ciarrochi, J. V., & Blackledge, J. T. (2006). *Validation of the Personal Values Questionnaire.* Unpublished manuscript, University of Wollongong, Australia.

23) Ciarrochi, J. V., & Forgas, J. P. (1999). On being tense yet tolerant: The paradoxical effects of trait anxiety and aversive mood on intergroup judgments. *Group Dynamics: Theory, Research, & Practice, 3*(3), 227–238.

24) Ciarrochi, J. V., & Forgas, J. P. (2000). The pleasure of possessions: Affective influences and personality in the evaluation of consumer items. *European Journal of Social Psychology, 30*(5), 631–649.

25) Ciarrochi, J. V., Forgas, J. P., & Mayer, J. D. (Eds.). (2006). *Emotional intelligence in everyday life: A scientific inquiry* (2nd ed.). Philadelphia: Psychology Press/Taylor & Francis.

26) Ciarrochi, J. V., Heaven, P. C. L., & Davies, F. (2007). The impact of hope, self-esteem, and attributional style on adolescents' school grades and emotional well-being: A longitudinal study. *Journal of Research in Personality, 41,* 1161–1178.

27) Ciarrochi, J., & Heaven, P. L. C. (in press). Learned social hopelessness: The role of explanatory style in predicting social support during adolescence. *Journal of Child Psychology and Psychiatry.*

28) Ciarrochi, J. V., & Mayer, J. (Eds.). (2007). *Applying emotional intelligence: A practitioner's guide.* New York: Psychology Press/Taylor & Francis.

29) Ciarrochi, J. V., & West, M. (2004). Relationships between dysfunctional beliefs and positive and negative indices of well-being: A critical evaluation of the Common Beliefs Survey–III. *Journal of Rational-Emotive & Cognitive Behavior Therapy, 22*(3), 171–188.

30) Clark, D. A. (1995). Perceived limitations of standard cognitive therapy: A consideration of efforts to revise Beck's theory and therapy. *Journal of Cognitive Psychotherapy, 9*(3), 153–172.

31) Clark, D. A., & Beck, A. T. (1991). Personality factors in dysphoria: A psychometric refinement of Beck's Sociotropy-Autonomy Scale. *Journal of Psychopathology & Behavioral Assessment, 13*(4), 369–388.

32) Cormier, L. S., & Cormier, W. H. (1998). *Interviewing strategies for helpers: Fundamental skills and cognitive behavioral interventions* (4th ed.). Pacific Grove, CA: Brooks/Cole.

33) Csikszentmihalyi, M. (1999). If we are so rich, why aren't we happy? *American Psychologist, 54*(10), 821–827.

34) Cuijpers, P., van Straten, N., & Warmerdam, L. (2007). Behavioral activation treatments for depression: A meta-analysis. *Clinical Psychology Review, 27*(3), 318–326.

35) Dahl, J., Wilson, K. G., & Nilsson, A. (2004). Acceptance and commitment therapy and the treatment of persons at risk for long-term disability resulting from stress and pain symptoms: A preliminary randomized trial. *Behavior Therapy, 35*(4), 785–801.

36) David, D., & Szentagotai, A. (2006). Cognitions in cognitive-behavioral psychotherapies: Toward an integrative model. *Clinical Psychology Review, 26*, 284–298.

37) DeRubeis, R. J., Tang, T. Z., & Beck, A. T. (2001). Cognitive therapy. In K. S. Dodson (Ed.), *Handbook of cognitive-behavioral therapies* (2nd ed., pp. 349–392). New York: Guilford Press.

38) De Wit, H., & Stewart, J. (1981). Reinstatement of cocaine-reinforced responding in the rat. *Psychopharmacology, 75*, 134–143.

39) Domjam, M. (2003). *The Principles of Learning and Behavior* (5th ed.). Belmont, CA: Wadsworth/Thomson Learning.

40) Dugas, M. J., Gagnon, F., Ladouceur, R., & Freeston, M. H. (1998). Generalized anxiety disorder: A preliminary test of a conceptual model. *Behaviour Research & Therapy, 36*(2), 215–226.

41) D'Zurilla, T. J., & Nezu, A. M. (1999). *Problem-solving therapy: A social competence approach to clinical intervention* (2nd ed.). New York: Springer.

42) Ellis, A. (2001). *Overcoming destructive beliefs, feelings, and behaviors: New directions for rational emotive behavior therapy*. Amherst, NY: Prometheus Books.

43) Emmons, R. A. (1991). Personal strivings, daily life events, and psychological and physical well-being. *Journal of Personality, 59*(3), 453–472.

44) Emmons, R. A. (1996). Striving and feeling: Personal goals and subjective well-being. In P. M. Gollwitzer & John A. Bargh (Eds.), *The psychology of action: Linking cognition and motivation to behavior* (pp. 314–337). New York: Guilford Press.

45) Feldner, M., Zvolensky, M., Eifert, G., & Spira, A. (2003). Emotional avoidance: An experimental test of individual differences and response suppression using biological challenge. *Behaviour Research & Therapy, 41*(4), 403–411.

46) Fletcher, L., & Hayes, S. C. (in press). Relational frame theory, acceptance and commitment therapy, and a functional analytic definition of mindfulness. *Journal of Rational Emotive and Cognitive Behavioral Therapy*.

47) Fodor, J. A. (1983). *Modularity of mind: An essay on faculty psychology*. Cambridge, MA: MIT Press.

48) Forgas, J. P. (1995). Mood and judgment: The affect infusion model (AIM). *Psychological Bulletin, 117*(1), 39–66.

49) Frearson & Ciarrochi (2008). The link between life principles and relationship satisfaction and social support. Unpublished data, University of Wollongong, NSW, Australia.

50) Furnham, A., & Taylor, J. (2004). *The dark side of behaviour at work: Understanding and avoiding employees leaving, thieving, and deceiving*. New York: Palgrave Macmillan.

51) Gifford, E. V., Kohlenberg, B. S., Hayes, S. C., Antonuccio, D. O., Piasecki, M. M., Rasmussen-Hall, M. L., et al. (2004). Acceptance theory-based treatment for smoking cessation: An initial trial of acceptance and commitment therapy. *Behavior Therapy, 35*, 689–706.

52) Gilbert, D. T., Pinel, E. C., Wilson, T. D., Blumberg, S. J., & Wheatley, T. P. (1998). Immune neglect: A source of durability bias in affective forecasting. *Journal of Personality & Social Psychology, 75*(3), 617–638.

53) Godsell, C., & Ciarrochi, J. V. (2008). *The structure of dysfunctional thinking.* Manuscript in preparation. University of Wollongong, Australia.

54) Gottman, J., Katz, L. F., & Hooven, C. (1996). Parental meta-emotion philosophy and the emotional life of families: Theoretical models and preliminary data. *Journal of Family Psychology, 10,* 243–268.

55) Gregg, J. A., Callaghan, G. M., Hayes, S. C., & Glenn-Lawson, J. (in press). Improving diabetes self-management through acceptance, mindfulness, and values: A randomized controlled trial. *Journal of Consulting & Clinical Psychology.*

56) Guadiano, B., & Herbert, J. D. (2006). Acute treatment of inpatients with psychotic symptoms using acceptance and commitment therapy: Pilot results. *Behaviour Research & Therapy, 44*(3), 415–437.

57) Harvey, A. G. (2003). The attempted suppression of presleep cognitive activity in insomnia. *Cognitive Therapy & Research, 27*(6), 593–602.

58) Hayes, S. C. (Ed.). (1989). *Rule-governed behavior: Cognition, contingencies, and instructional control.* New York: Plenum.

59) Hayes, S. C. (1995a). Knowing selves. *The Behavior Therapist, 18,* 94–96.

60) Hayes, S. C. (1995b). Why cognitions are not causes. *The Behavior Therapist, 18,* 59–60.

61) Hayes, S. C. (2004). Acceptance and commitment therapy, relational frame theory, and the third wave of behavioral and cognitive therapies. *Behavior Therapy, 35*(4), 639–665.

62) Hayes, S. C., Barnes-Holmes, D., & Roche, B. (Eds.) (2001). *Relational frame theory: A post-Skinnerian account of human language and cognition.* New York: Kluwer Academic/Plenum Publishers.

63) Hayes, S. C., Bissett, R., Roget, N., Padilla, M., Kohlenberg, B. S., Fisher, G., et al. (2004). The impact of acceptance and commitment training and multicultural training on the stigmatizing attitudes and professional burnout of substance abuse counselors. *Behavior Therapy 35*(4), 821–835.

64) Hayes, S. C., Brownstein, A. J., Haas, J. R., & Greenway, D. E. (1986). Instructions, multiple schedules, and extinction: Distinguishing rule-governed from schedule-controlled behavior. *Journal of the Experimental Analysis of Behavior, 46*(2), 137–147.

65) Hayes, S. C., Brownstein, A. J., Zettle, R. D., Rosenfarb, I., & Korn, Z. (1986). Rule-governed behavior and sensitivity to changing consequences of responding. *Journal of the Experimental Analysis of Behavior, 45*(3), 237–256.

66) Hayes, S. C., & Hayes, L. J. (1989). The verbal action of the listener as a basis for rule-governance. In S. C. Hayes (Ed.), *Rule-governed behavior: Cognition, contingencies, and instructional control* (pp. 153–190). New York: Plenum.

67) Hayes, S. C., Hayes, L. J., & Reese, H. W. (1988). Finding the philosophical core [Review of Stephen C. Pepper's book *World hypotheses*]. *Journal of Experimental Analysis of Behavior, 50,* 97–111.

68) Hayes, S. C., Luoma, J., Bond, F. W., Masuda, A., & Lillis, J. (in press). Acceptance and commitment therapy: Model, processes, and outcomes. *Behaviour Research & Therapy.*

69) Hayes, S. C., Masuda, A., Bissett, R. T., Luoma, J., & Guerrero, L. F. (2004). DBT, FAP, and ACT: How empirically oriented are the new behavior therapy technologies? *Behavior Therapy, 35,* 35–54.

70) Hayes, S. C., & Strosahl, K. D. (Eds.). (2004). *A practical guide to acceptance and commitment therapy.* New York: Springer Science & Business Media.

71) Hayes, S. C., Strosahl, K. D., & Wilson, K. G. (1999). *Acceptance and commitment therapy: An experiential approach to behavior change.* New York: Guilford Press.

72) Hayes, S. C., Strosahl, K. D., Wilson, K. G., Bissett, R. T., Pistorello, J., Toarmino, D., et al. (2004). Measuring experiential avoidance: A preliminary test of a working model. *The Psychological Record, 54*, 553-578.

73) Hermans, D., Craske, M. G., Mineka, S., & Lovibond, P. F. (2006). Extinction in human fear conditioning. *Biological Psychiatry, 60*(4), 361-368.

74) Hofmann, S., & Barlow, D. H. (2002). Social phobia (social anxiety disorder). In D. H. Barlow (Ed.), *Anxiety and its disorders: The nature and treatment of anxiety and panic* (pp. 454-515). New York: Guilford Press.

75) Jacobson, N. S., Martell, C. R., & Dimidjian, S. (2001). Behavioral activation treatment for depression: Returning to contextual roots. *Clinical Psychology: Science and Practice 8*, 255-270.

76) Jones, W. H., & Burdette, M. P. (1994). Betrayal in relationships. In A. L. Weber & J. H. Harvey (Eds.), *Perspectives on close relationships* (pp. 243-262). Needham Heights, MA: Allyn & Bacon.

77) Kabat-Zinn, J. (1990). *Full catastrophe living: Using the wisdom of your body and mind to face stress, pain, and illness.* New York: Dell Publishing.

78) Kapleau, P. (1989). *The three pillars of Zen: Teaching, practice, and enlightenment.* New York: Anchor.

79) Kessler, R. C., Demier, O., Frank, R. G., Olfson, M., Pincus, H. A., Walters, E. E., et al. (2005). Prevalence and treatment of mental disorders, 1990 to 2003. *New England Journal of Medicine, 352*(24), 2515-2523.

80) Kessler, R. C., McGonagle, K. A., Zhao, S., Nelson, C. B., Hughes, M., Eshleman, S., et al. (1994). Lifetime and 12-month prevalence of *DSM-III-R* psychiatric disorders in the United States: Results from the National Comorbidity Study. *Archives of General Psychiatry, 51*(1), 8-19.

81) Koster, E. H. W., Rassin, E., Crombez, G., & Naring, G. W. B. (2003). The paradoxical effects of suppressing anxious thoughts during imminent threat. *Behaviour Research & Therapy, 41*(9), 1113-1120.

82) Laudan, L. (1981). A confutation of convergent realism. *Philosophy of Science, 48*, 19-49.

83) Linehan, M. M. (1993). *Cognitive-behavioral treatment of borderline personality disorder.* New York: Guilford Press.

84) Longmore, R., & Worrell, M. (in press). Do we need to challenge thoughts in cognitive behavior therapy? *Clinical Psychology Review.*

85) MacCorquodale, K. (1970). On Chomsky's review of Skinner's *Verbal behavior. Journal of the Experimental Analysis of Behavior 13*(1), 83-99.

86) MacPhillamy, D., & Lewinsohn, P. M. (1982). The Pleasant Event Schedule: Studies on reliability, validity, and scale inter-correlation. *Journal of Consulting and Clinical Psychology, 50*(2), 363-380.

87) Mathews, A. (2002). Emotional processing biases: Nature and modification. In L. Backman & C. Hofsten (Eds.), *Psychology at the turn of the millennium, Vol. 1: Cognitive, biological, and health perspectives* (pp. 441-454). Hove, England: Psychology Press/Taylor & Francis (UK).

88) McAvoy, B. R., & Murtagh, J. (2003). Workplace bullying: The silent epidemic. *BMJ: British Medical Journal, 326*(7393), 776-777.

89) Meichenbaum, D. (1985). *Stress inoculation training.* New York: Pergamon Press.

90) Nakajima, S., Tanaka, S., Urushihara, K., & Imada, H. (2000). Renewal of extinguished lever-press responses upon return to the training context. *Learning and Motivation, 31*(4), 416-431.

91) Nakajima, S., Urushihara, K., & Masaki, T. (2002). Renewal of operant performance formerly eliminated by omission or noncontingency training upon return to the acquisition context. *Learning and Motivation, 33*(4), 510–525.

92) O'Brian, P. (1991). *H.M.S. Surprise*. New York: W. W. Norton.

93) Osherson, D. N., & Lasnik, H. (1990). *Language*. In L. Gleitman & M. Liberman, *An invitation to cognitive science* (Vol. 1). Cambridge, MA: MIT Press.

94) Ossman, W. A., & Wilson, K. G. (2006). A preliminary investigation of the use of acceptance and commitment therapy in group treatment for social phobia. *International Journal of Psychology and Psychological Therapy, 6*, 397–416.

95) Padesky, C. A. (1993, September). Socratic questioning: Changing minds or guiding discovery? Paper presented at the meeting of the European Congress of Behavioural and Cognitive Therapies, London.

96) Padesky, C. A. (1994). Schema change processes in cognitive therapy. *Clinical Psychology and Psychotherapy, 1*, 267–278.

97) Palfai, T. P., Monti, P. M., Colby, S. M., & Rohsenow, D. J. (1997). Effects of suppressing the urge to drink on the accessibility of alcohol outcome expectancies. *Behaviour Research & Therapy, 35*(1), 59–65.

98) Parker, J. D. A., Taylor, G. J., & Bagby, R. M. (1998). Alexithymia: Relationship with ego defense and coping style. *Comprehensive Psychiatry, 39*, 91–98.

99) Pennebaker, J. W., Colder, M., & Sharp, L. K. (1990). Accelerating the coping process. *Journal of Personality & Social Psychology, 58*(3), 528–537.

100) Pierson, H., Gifford, E. V., Smith, A. A., Bunting, K., & Hayes, S. C. (2004). *Functional Acceptance and Commitment Therapy Scale*. Unpublished manuscript, University of Nevada at Reno.

101) Pinker, S. (1994). *The language instinct*. New York: William Morrow.

102) Pinker, S. (2002). *The blank slate: The modern denial of human nature*. New York: Viking.

103) Ponlop, D. (2004). The wisdom of the body and the search for the self. *Shambhala Sun*. Retrieved September 2004 from http://www.shambhalasun.com/index.php?option=com_content&task=view&id=1437&Itemid=244

104) Pyszczynski, T., Greenberg, J., & Solomon, S. (1999). A dual-process model of defense against conscious and unconscious death-related thoughts: An extension of terror management theory. *Psychological Review, 106*(4), 835–845.

105) Pyszczynski, T., Greenberg, J., Solomon, S., Arndt, J., & Schimel, J. (2004). Why do people need self-esteem? A theoretical and empirical review. *Psychological Bulletin, 130*(3), 435–468.

106) Reckling, A., & Buirski, P. (1996). Child abuse, self-development, and affect regulation. *Psychoanalytic Psychology, 13*, 81–99.

107) Rokeach, M. (1973). *The nature of human values*. New York: Free Press.

108) Rosenfarb, I. S., Hayes, S. C., & Linehan, M. M. (1989). Instructions and experiential feedback in the treatment of social skills deficits in adults. *Psychotherapy: Theory, Research, Practice, Training, 26*(2), 242–251.

109) Rottinghaus, P. J., Coon, K. L., Gaffey, A. R., & Zytowski, D. G. (2007). Thirty-year stability and predictive validity of vocational interests. *Journal of Career Assessment, 15*, 5–22.

110) Santina, P. D. (1984). *Fundamentals of Buddhism*. Unpublished manuscript.

111) Sartre, J.-P. (1949). *No exit and three other plays*. New York: Vintage Books.
112) Savickas, M. L., Taber, B. J., & Spokane, A. R. (2002). Convergent and discriminant validity of five interest inventories. *Journal of Vocational Behavior, 61*, 139–184.
113) Schwartz, S. H., & Bilsky, W. (1987). Toward a universal psychological structure of human values. *Journal of Personality and Social Psychology, 53*, 550–562.
114) Schwartz, S. H., & Boehnke, K. (2004). Evaluating the structure of human values with confirmatory factor analysis. *Journal of Research in Personality, 38*, 230–255.
115) Segal, Z. V., Williams, J. M. G., & Teasdale, J. D. (2002). *Mindfulness-based cognitive therapy for depression: A new approach to preventing relapse*. New York: Guilford Press.
116) Sheldon, K. M., & Kasser, T. (1995). Coherence and congruence: Two aspects of personality integration. *Journal of Personality and Social Psychology, 68*(3), 531–543.
117) Sheldon, K. M., & Kasser, T. (2001). Getting older, getting better? Personal strivings and psychological maturity across the life span. *Developmental Psychology, 37*(4), 491–501.
118) Skinner, B. F. (1950). Are theories of learning necessary? *Psychological Review, 57*, 193–216.
119) Stefanic, N. & Ciarrochi, J. (2008). Factorial structure of the Survey of Life Principles and its link to emotional and psychological well-being. Unpublished data, University of Wollongong, NSW, Australia.
120) Stewart, I., Barnes-Holmes, D., Hayes, S. C., & Lipkens, R. (2001). Relations among relations: Analogies, metaphors, and stories. In S. C. Hayes, D. Barnes-Holmes, and B. Roche (Eds.), *Relational frame theory: A post-Skinnerian account of human language and cognition* (pp. 73–86). New York: Kluwer Academic/Plenum.
121) Stewart, I., Barnes-Holmes, D., & Roche, B. (2004). A functional-analytic model of analogy using the relational evaluation procedure. *The Psychological Record, 54*, 375–396.
122) Sullivan, M. J. L., Rouse, D., Bishop, S., & Johnston, S. (1997). Thought suppression, catastrophizing, and pain. *Cognitive Therapy & Research, 21*(5), 555–568.
123) Twohig, M. P., Hayes, S. C., & Masuda, A. (2006). Increasing willingness to experience obsessions: Acceptance and commitment therapy as a treatment for obsessive-compulsive disorder. *Behavior Therapy, 37*, 3–13.
124) Vervliet, B., Vansteenwegen, D., Baeyens, F., Hermans, D., & Helen, P. (2005). Return of fear in a human differential conditioning paradigm caused by a stimulus change after extinction. *Behaviour Research & Therapy, 43*(3), 357–371.
125) Watson, J. (1913). Psychology as the behaviorist views it. *Psychological Review, 20*, 158–177.
126) Wegner, D. M., Erber, R., & Zanakos, S. (1993). Ironic processes in the mental control of mood and mood-related thought. *Journal of Personality & Social Psychology, 65*(6), 1093–1104.
127) Weinberger, D. A., Schwartz, G. E., & Davidson, R. J. (1979). Low-anxious, high-anxious, and repressive coping styles: Psychometric patterns and behavioral and physiological responses to stress. *Journal of Abnormal Psychology, 88*(4), 369–380.
128) Weissman, A. (2000). Dysfunctional Attitude Scale (DAS). In K. Corcoran & J. Fischer (Eds.), *Measures for clinical practice—A sourcebook: Vol. 2. Adults* (pp. 187–190). New York: Free Press.
129) Wells, A. (1990). Panic disorder in association with relaxation-induced anxiety: An attentional training approach to treatment. *Behavior Therapy, 21*, 273–280.
130) Wells, A. (1997). *Cognitive therapy of anxiety disorders: A practice manual and conceptual guide*. Hoboken, NJ: John Wiley.

131) Wenzlaff, R. M., & Wegner, D. M. (2000). Thought suppression. *Annual Review of Psychology, 51*, 59–91.

132) White, K., & Barlow, D. H. (2002). Panic disorder and agoraphobia. In D. H. Barlow (Ed.), *Anxiety and its disorders: The nature and treatment of anxiety and panic* (pp. 328–379). New York: Guilford Press.

133) Wilson, K. G. (in press). *ACT in the present moment: Mindfulness in acceptance and commitment therapy.* Oakland, CA: New Harbinger.

134) Young, J. E. (1990). *Cognitive therapy for personality disorders: A schema-focused approach.* Sarasota, FL: Professional Resource Exchange.

135) Zettle, R. D. (2003). Acceptance and commitment therapy (ACT) vs. systematic desensitization in treatment of mathematics anxiety. *Psychological Record, 53*(2), 197–215.

136) Zettle, R. D., & Hayes, S. C. (1986). Dysfunctional control by client verbal behavior: The context of reason giving. *The Analysis of Verbal Behavior, 4*, 30–38.

監訳者あとがき

　アクセプタンス＆コミットメント・セラピー（ACT〔アクト〕）が，わが国にも本格的に導入されるようになりました。その際に，強調されてきたことのひとつは，第2世代とされる「認知行動療法」と，第3世代のACTとの違いは，行動の「型」や認知の「内容」を問題とするか（第2世代），あるいはそれらの「文脈」や「機能」を問題とするか（第3世代）ということでした。第2世代とされる認知行動療法家にとっては，このように括られて理解されることに抵抗を感じる方も少なくないでしょう。なぜかと言えば，認知行動療法とされる心理療法には，行動療法を基盤としている（機能分析）タイプと，認知療法を基盤としているタイプの大きく2つがあるからなのです。

　世界的にも，それまで別々に開催されていた国際会議の一部が，1995年のデンマーク・コペンハーゲン大会からWCBCT（World Congress of Behavioral and Cognitive Therapies）として再出発しました。Therapiesの語が用いられていることからも分かるように元々は2つの療法から構成されていました。その名残として象徴的なことは，認知行動療法には2つの「ABC分析」があることです。すなわち，行動療法的枠組みでは，ABC分析は「Antecedent-Behavior-Consequence」という行動の随伴性の記述のことを指す一方で，認知療法的枠組みでは，「Activating event-Belief-Consequence」という認知の影響性の記述のことを指します。その後，心理療法のエビデンスのムーブメントに呼応して，「認知行動療法（Cognitive Behavior Therapy）」としてプロパガンダが行われるようになり，わが国でも「（認知的）行動療法」と「認知療法」を「認知行動療法」と総称するようになりました。

行動の「型」や認知の「内容」を問題とするのは，いわゆる「認知療法」タイプの方ですが，認知療法のエキスパートの事例研究などを丁寧にみていくと，（結果として）文脈や機能の操作を行っているとみなせる手続きが多く含まれています。本書でACTの強調点を理解することによって，「ではCBT的アプローチで，何が本当に重要なのか」の疑問に対する答えのひとつが導けるかもしれません。

　　　2011年3月10日

嶋田　洋徳

索引

あ行

アクセプタンス 138
ウィリングネス 215

か行

概念としての自己 106
価値（values） 176
関係フレーム理論 20
機械主義 124
記述 49
機能 20
機能的文脈主義 129
苦悩軽減モデル 17
行動活性化 175
行動主義 5
ゴール 176
コミットメント 177

さ行

柔軟性モデル 15
情動知能 224
心理教育 85
ソクラテス式対話 144

た行

体験的ロールプレイ法 231
体験の回避 34
脱フュージョン 36

な行

内容 20
認知革命 7
認知的構成法 73
認知的挑戦 63
ノーマライジング 85

は行

評価 49
フュージョン 36
プロセスとしての自己 110
文脈としての自己 110

ま行

マインドフルなスペース 100
マインドフルネス 12, 54
メタファー 99

ら行

ルート・メタファー 124

■監訳者

武藤　崇（むとう　たかし）

埼玉県生まれ。臨床心理士。
1992年に筑波大学第二学群人間学類を卒業，1998年に筑波大学大学院心身障害学研究科修了（博士〔心身障害学〕；筑波大学）。筑波大学心身障害学系技官・助手（1998～2001年），立命館大学文学部助教授・准教授（2001～2010年）を経て，2010年より同志社大学心理学部教授，現在に至る。ACBS（The Association for Contextual Behavioral Science）の日本支部である「ACT Japan」の代表（2010年～現在）。また，ネバダ大学リノ校客員研究教授として，S. C. ヘイズ博士の研究室に所属（2007～2008年）。著書・訳書に『ACT（アクセプタンス＆コミットメント・セラピー）をはじめる』（共訳書，星和書店，2010）などがある。

嶋田　洋徳（しまだ　ひろのり）

東京都生まれ。臨床心理士。
1991年に早稲田大学人間科学部卒業，1996年早稲田大学大学院人間科学研究科博士後期課程修了（博士〔人間科学〕；早稲田大学）。広島大学総合科学部助手（1996～1997年），新潟大学人文学部講師・助教授（1997～2003年）を経て，2003年より早稲田大学人間科学部助教授。その後，人間科学学術院助教授，准教授を経て，2008年より人間科学学術院教授，現在に至る。著書・訳書に，『学校，職場，地域におけるストレスマネジメント実践マニュアル』（共編著，北大路書房，2004）などがある。

■訳者

武藤　崇（監訳者略歴参照）

嶋田　洋徳（監訳者略歴参照）

黒澤　麻美（くろさわ　あさみ）

東京都生まれ。
1989年に慶應義塾大学文学部卒業。1990年より英国オックスフォード大学留学（～1993年）。1991年に慶應義塾大学大学院文学研究科修士課程修了。帰国後，複数の大学で英語講師として勤務。2005年より北里大学一般教育部専任講師。星和書店より訳書多数。

佐藤　美奈子（さとう　みなこ）

愛知県生まれ。
1992年に名古屋大学文学部文学科卒業。現在は翻訳家としての活動のかたわら，英語の学習参考書・問題集の執筆にも従事。星和書店より訳書多数。

■著者

ジョセフ・V・チャロッキ（Joseph V. Ciarrochi, Ph.D.）
ウーロンゴン大学（オーストラリアのニューサウスウェールズ州）心理学科・心理学准教授。Australia & New Zealand ACBS（The Association for Contextual Behavioral Science）の代表。

アン・ベイリー（Ann Bailey, MA）
経験豊かな臨床家であり、ACTにおける実践により功労賞を受賞している。

認知行動療法家のためのACT(アクト)(アクセプタンス＆コミットメント・セラピー)ガイドブック
2011年8月22日　初版第1刷発行

著　　者　ジョセフ・V・チャロッキ，アン・ベイリー
監訳者　武藤　崇，嶋田洋徳
訳　　者　武藤　崇，嶋田洋徳，黒澤麻美，佐藤美奈子
発行者　石澤雄司
発行所　㈱星　和　書　店
　　　　〒168-0074　東京都杉並区上高井戸1-2-5
　　　　電話　03（3329）0031（営業部）／03（3329）0033（編集部）
　　　　FAX　03（5374）7186（営業部）／03（5374）7185（編集部）
　　　　http://www.seiwa-pb.co.jp

Ⓒ 2011　星和書店　　Printed in Japan　　ISBN978-4-7911-0782-7

・本書に掲載する著作物の複製権・翻訳権・上映権・譲渡権・公衆送信権（送信可能化権を含む）は㈱星和書店が保有します。

・ JCOPY 〈（社）出版者著作権管理機構 委託出版物〉
本書の無断複写は著作権法上での例外を除き禁じられています。複写される場合は，そのつど事前に，（社）出版者著作権管理機構（電話 03-3513-6969，FAX 03-3513-6979, e-mail: info@jcopy.or.jp）の許諾を得てください。

ACT（アクセプタンス＆コミットメント・セラピー）をはじめる
セルフヘルプのためのワークブック

S・C・ヘイズ、S・スミス 著
武藤崇、原井宏明、吉岡昌子、岡嶋美代 訳

B5判
344p
2,400円

ACTは、新次元の認知行動療法といわれる最新の科学的な心理療法。本書は、楽しくエクササイズを行いながらその方法を身に着けられるセルフヘルプのためのワークブック。

ACT（アクセプタンス＆コミットメント・セラピー）を実践する
機能的なケース・フォーミュレーションにもとづく臨床行動分析的アプローチ

P・A・バッハ、D・J・モラン 著
武藤崇、吉岡昌子、石川健介、熊野宏昭 監訳

A5判
568p
4,500円

アクセプタンス＆コミットメント・セラピーを実施するうえで必要となるケース・フォーミュレーションを主として解説。また、行動を見るための新鮮な方法も紹介する。

こころのりんしょう à・la・carte 第28巻1号
〈特集〉ACT（アクセプタンス＆コミットメント・セラピー）
＝ことばの力をスルリとかわす新次元の認知行動療法

熊野宏昭、武藤崇 編集

B5判
204p
1,600円

ACTは、認知行動療法の第3の波といわれる最新の心理療法。「ことばの機能」が持っているメリットやデメリットを十分に把握し、そのメリットを最大限に活かすことによって「生きる力」を援助する。本誌は、その理論背景と臨床実践をQ＆Aと論説により詳しく解説する。

発行：星和書店　http://www.seiwa-pb.co.jp　価格は本体（税別）です

ACT（アクセプタンス＆コミットメント・セラピー）をまなぶ
セラピストのための機能的な
臨床スキル・トレーニング・マニュアル

J・B・ルオマ、
S・C・ヘイズ、
R・D・ウォルサー 著
熊野宏昭、高橋史、
武藤崇 監訳

A5判
628p
3,500円

近年際立って関心の高まっているACTは、文脈的認知行動的介入であり、言語がもつ有害な機能と言語能力が人間の苦しみにおいて果たす役割に対して、解毒剤になりうるものを提供する。

『ACT（アクセプタンス＆コミットメント・セラピー）をまなぶ』学習用DVD
ACTをみる：エキスパートによる面接の実際

J・B・ルオマ、
S・C・ヘイズ、
R・D・ウォルサー
熊野宏昭、高橋史、
武藤崇 監訳

DVD1枚
2時間7分
A5テキスト
104p
6,000円

『ACTをまなぶ』の学習用DVD。セラピストとクライエントの面接をロールプレイで紹介する。まさにACTの生きた体験学習が可能になる。スクリプトのすべてを掲載した読みやすい日本語テキスト付き。

弁証法的行動療法実践トレーニングブック
自分の感情と
よりうまくつきあってゆくために

M・マッケイ、
J・C・ウッド、他著
遊佐安一郎、
荒井まゆみ 訳

A5判
436p
3,300円

弁証法的行動療法（DBT）は、自分でうまく制御できない、激しくつらい感情を抱えて苦悩する人々を援助するために開発された治療法である。本書は、耐え難い感情に苦しんでいるすべての人にとって、感情をうまくコントロールするための実践ワークブックである。

発行：星和書店　http://www.seiwa-pb.co.jp　価格は本体（税別）です

自分でできる認知行動療法
うつと不安の克服法

清水栄司 著

A5判
224p
1,900円

本書は、うつや不安に悩む人のために、うつや不安障害の治療に極めて効果的な認知行動療法を、自分一人で行うことができるように、全く新しく作成されたセルフヘルプのためのワークブックである。

不安からあなたを解放する10の簡単な方法
不安と悩みへのコーピング

E・J・ボーン、R・ガラノ 著
野村総一郎、林建郎 訳

四六判
248p
1,800円

からだとこころをリラックスさせ、不安に対処するための10の簡単な方法。本書は、現代人につきものの不安に対し、正しい食事、運動など誰にでもできる具体的で実践的な方法を紹介する。

自信がもてないあなたのための8つの認知行動療法レッスン
自尊心を高めるために。
ひとりでできるワークブック

中島美鈴 著

四六判
352p
1,800円

マイナス思考や過剰な自己嫌悪に苦しんでいるあなたへ──認知行動療法とリラクセーションを組み合わせたプログラムを用いて解決のヒントを学び、実践することで効果を得る記入式ワークブック。

発行：星和書店　http://www.seiwa-pb.co.jp　価格は本体(税別)です